まなぶことの
歩みと成り立ち

公教育の原理的探究

遠藤 野ゆり・筒井 美紀

法政大学出版局

わたしたちは，知性でとらえられないものの方が，
知性でとらえられるものよりもずっと実在的であることを，
知性のおかげで知っている。
　　　　　シモーヌ・ヴェイユ『重力と恩寵』

まえがき

本書の目的・構成・学習方法

　本書『まなぶことの歩みと成り立ち——公教育の原理的探究』は，教職課程で規定されている「教育の理念並びに教育に関する歴史及び思想」に関する科目（「教育原理」という科目名であることが多い）で使用することを想定しています。構成としては，序章と終章が五つの章を挟んでいます。第1章と第2章は，西洋における社会・政治・経済・思想と教育の相互作用に関する歴史，第3章と第4章は，日本におけるそれらの歴史，第5章は，現代における公教育の課題と展望について，という内容です。このように本書は，歴史と思想（理念）の探究を中心としています。私たち著者はみなさんに，「誰のための／なんのための教育？」という問いを，さまざまな角度から深く考える力をつけてほしいと思っています。

　「どんな教育が昔になされていたかとか，教育について昔の人がどんなことを言ったかとか知っても，現代の教育には役に立たないよ。現代社会は複雑だし，科学技術は高度だし，変化も激しいんだから」。そんな意見も聞こえてきそうです。そうなのでしょうか。

　例をあげて考えてみましょう。本書の第1章で登場する，古代ギリシアの哲学者ソクラテスは，対話法と呼ばれる教育方法を用いていました。「その言葉はどういう意味？」「そういうふうに考える根拠は何？」「君の主張が当てはまらない例をあげられるかな？」といった質問を繰り返すなかで，生徒たちは自分の考えをもっとはっきり表現しようと考え直し，一生懸命伝える。その積み重ねをとおして生徒たちは，人の話を聴き理解する力，自分の思考力と表現力を鍛えていったわけです。

　「あれ？　これってアクティブ・ラーニングの内容と似てない？」——そうなのです。アクティブ・ラーニングは，ソクラテスの対話法の要素を取り入れているのです。「現代社会が複雑で高度だから，それに対応すべくアクティブ・

ラーニングが発明されたわけじゃないんだよ。その原理は、すでに何千年も昔に考案され実践されていたんだよ」。授業でこんな説明をすると学生のみなさんは驚きます。これまで知識の暗記が中心だった日本の教育では、変化の激しい時代に合わないからアクティブ・ラーニングが始まった、といった通説に納得してしまっているからです。現代から遠く離れた時代・社会の教育について考えると、こうした表層的理解が揺さぶられます。現代と比べれば「ゆったりした」ソクラテスの時代・社会で、対話を重ねる教育方法が重要だとされていた、しかもその重要性は、そこから何千年を経ても色あせていない。なぜだろう？ もっと深い原理や意義がありそうですね。こんなふうに歴史と思想を探究すると、新しい視野が開けてきます。

　もう一つ別の例をあげて考えてみましょう。2022年2月、ロシアがウクライナに侵攻しました。この戦争は長期化するだろうという見通しのもとにロシアは、学校で使用する教科書に愛国主義的な記述を増やし、それを全国の児童や生徒にしっかり教えるという教育政策を展開しています。では、自国が戦争（やテクノロジー・経済競争）に勝つために公教育を活用するという手法は、ロシアの現大統領や政府高官らが思いついたのでしょうか。そうではありません。その発想が出てきたのは19世紀後半の帝国主義時代においてです。それ以前は、欧米列強諸国は、庶民（の子どもたち）の教育など国家の責任ではないと考えていました。ところがこの時期に、国民の大多数をしめる彼らの教育に力を入れないと、戦争（やテクノロジー・経済競争）に勝てないことを経験したのです。そこで義務教育の無償化や学校給食などに力を入れ始めました。明治維新後の日本も、これに追随したことは言うまでもありません。

　過去に有効だと証明された手法は、新たな社会状況のなかで装いやネーミングを変えて活用されることが多いものです。〈軍事であれテクノロジーであれ経済であれ、国家間の競争に勝つには、すべての子どもの教育（つまり公教育）が鍵だ、と為政者は考え、これを活用するものである〉。こうした、歴史的事実から一般化された人間や社会の理解が頭に入っていれば、現在そして未来の社会と教育に何が重要なのか、誰のため／なんのための教育なのか？という問いをより深く考えることができます。「より深く」できるのは、自分の存在は何のため／誰のためなのか？と、自己にたち返る行為をともなうからです。

　かくして私たち著者は、社会・政治・経済・思想と教育の相互作用に関する

歴史の探究が不可欠だと考えているのです。

　続いて，本書の学習方法について述べます。わからないところがあっても構わないので，とにかく自分なりにしっかり読む，この一言に尽きます。デジタル・ネイティブ世代のみなさんは，動画にとても慣れ親しんでいますが，他方で，読むことに苦手意識がある人が多いです。一方向的にざーっと流れる情報の一部分を感覚的につかむことが生活習慣と化しているため，「読む」という行為が苦手です。つまり，言葉の定義をきちんと理解するとか，文章の前の方に戻って考え直すといった行為に，そもそも必要性を感じていなかったり，あるいはそれにたいそう手間取ったりしてしまう。これでは探究が進みませんので，「習うより慣れよ」の精神で，とにかく読んでみましょう。

　いましがた，わからないところがあっても構わないと述べましたが，それはさしあたってということであり，面倒くさがらずに言葉の意味の確認をしてください。ここでいう「言葉」には三種類あります。

　第一に，大学生の教養としてのボキャブラリー。例をあげましょう。「矮小化」，「アポリア（aporia）」。これらの言葉，意味がわかりますか（前者については読めますか）。わからない人はオンラインや紙媒体の国語辞典を引いて調べてください。

　第二に，歴史的な事実（史実）。たとえば「帝国主義」。これはどういう意味でしょうか，何世紀の出来事でしょうか。このまえがきの，何段落か前にも登場していますね。記憶に残っていないなら，それは高校までの世界史・日本史の知識・理解があやふやな証拠です。本書の探究を含め，大学での探究の基礎は高校までの勉強です。知識・理解のあやふやさを感じたら，高校の世界史・日本史の教科書や用語集を確認してみてください。ちらっと確認するだけで，高校生のときよりも断然理解できることが実感できて自信が湧くでしょう。

　第三に，教育科学関係の専門用語（キーワード）。たとえば「公教育」。書名にも入っているように，本書の最重要キーワードのひとつです。このまえがきにもすでに3回登場していますね（しかし，読み流してしまっていませんか？）。こうした専門用語は，国語辞典で調べるのではなく，本書で定義や説明が述べられている箇所を見つけて，しっかり理解してください。なおキーワードに関しては，本書の巻末にある索引を活用して該当ページを発見するのも一つの方法です。

*　　　*　　　*

　本書は，かつて私たちが刊行した『教育を原理する──自己にたち返る学び』の後継書にあたります。2012 年の刊行以来，教育原理の授業で使い続けるなかで，学生のみなさんの知識量や理解度などが，執筆時点での私たちの想定とずれていったり，あるいは興味や関心も変化していったりしており，レジュメやスライドで補足や追加を重ねながら授業をしてきました。その時々の教育の風潮や言説や教育政策が，いかに学生のみなさんの教育経験そして意識や考え方を左右しているかを痛感しつつ，たくさんまなびました。

　本書はこの 10 年間の，私たちのこうした試行錯誤を反映し，大幅に加除修正したものです。その点で，授業につき合い続けてくださった学生のみなさんに深くお礼を申し上げたいと思います。なお，この大幅改訂にあたっては，共著者の遠藤野ゆり先生がイニシアチブを取り，全体構成の再考に始まり細かな内容検討まで，なにからなにまで引っ張ってくださいました。心より感謝します。

　最後に。明日の世界と未来の教育を担う学生のみなさんが，本書での探究を一助として，知性と鋭気を養われるなら，著者としてこんなに嬉しいことはありません。本書のカバーに用いましたが，フェルメールが 1668 年ごろ描いた天文学者のように，真理の追究を楽しんでください。

2023 年 3 月
不安と不信と不穏さが増す世界の一隅にて
筒井 美紀

目　次

第2章　近代後期から現代への流れと公教育の成立　61

凡　例

一，（…）は，中略を示している。

一，引用における［　　　］の説明は，私たち筆者の補足と注釈である。

一，引用元の明らかな誤植，誤記はあらため，注などで補記した。

一，重要な人名は，原則として初出の際，原語での姓と生年・没年を（Illich: 1926–2002）のように示した。

一，邦訳がある著作を文中で示す場合は，たとえば，（Ariès 1971/1980, p. 35）のように，原著刊行年と邦訳刊行年をスラッシュでつないだ。なおページ番号は邦訳のものである。

一，文中における（第 X 章第 Y 節），（z ページ）という表記は，本書のこの箇所を参照せよという意味である。

序　章

「教育の原理的探究」とはなにか

　本書は，公教育を原理的に探究するためのものである。しかし，その探究に先立って，教育を原理的に探究するとはどういうことなのか，という点を考えてみたい。それは，ようするに，本書はなんのために書かれたのか，その目的を明らかにする，ということである。

　ところで，序章というものは通常，第 1 章，第 2 章……第 n 章と比べて短めなのだが，本書の場合はそうではない。私たち筆者はこれから読者のみなさんに，根本的な発想の転換を迫ろうとしている。それは，パチンと指を鳴らすようにはいかない。じっくり時間をかける必要がある。そのため，他の章と変わらぬボリュームになっている。最初にボタンをかけ違えてしまうと大変だ。だからこの序章を，ゆっくり・がっつり味わってほしい。

第 1 節　教育をめぐる勘違い

1-1 教員志望の学生の誤解

　教職という仕事は，その厳しさが近年とみにささやかれるようになってきた。だからこそ，教職を志望する学生のしやすい以下二つの勘違いはなおさら問題がある。ひとつは，「教育原理は他の教職科目と比べて難しい。教師になったときどう役だつのか，イメージが湧かない。でもまあ，教養としてまなんでおこう」という，あいまいな目的理解と目標設定である。これは大間違いだ。教育原理は，まずは本格的なプロフェッショナル（専門職）の入口である教育実習で教壇に立ったときに，そして教員になったあとにも，一歩引いた視点で教

育を捉えて行動する余裕を保つための，不可欠なまなびなのである。

　二つめの勘違いは，「教えるとはどういうことか」を熱意や情緒の次元だけで捉えていることだ。教員志望者は，学校に良い思い出・良い先生との出会いのある者が多い。「あんな先生になりたい」と思う熱意はとても重要だが，それだけでは，「子どもの個性を大切にするのがやっぱりいい先生だ」，「授業の技術よりもなによりも，生徒のためを考えて一生懸命に接することの方が大切だ」のような精神論・根性論で終わりかねない。それでは，まずい。

　ちょっと考えてみてほしい。「個性ってなに？　『この子の個性は○○だ』という先生の判断は本当に正しいの？」，「先生の一生懸命さが逆に，生徒のいろんな側面を見落としちゃうかもよ？」と問われて，答えを返せるだろうか。教えることを熱意や情緒の次元だけで捉えているなら，返せない。自分の経験の範囲内でつくりあげてきた特定の価値観や思いこみが相対化されていないからである。だから，教育原理はそこに目を凝らすことから始める。自らの暗黙の前提——おそらくそれには，「教育（教師）は良きものだ」という「怪しい」命題がつきまとっている——から問いなおす，ラディカル（radical 根源的）な学問なのである。

　目次を見ればわかるように，本書は第 1 章から第 5 章まで，暗黙の前提の問いなおしを行なっていく。この作業をひとつひとつやりぬいていくことで，「教育はそもそもなにによって成り立っているのか」を知性の次元で読み解く力をつける，つまり，熱意や情緒，感情や意欲のことと見える問題を，事実の問題におきかえて考える力をつける[1]。教育の仕組みを原理的・歴史的・社会的に捉えるのだ。こうした知性がなければ，私たちは自己の教育実践や教育全体のあるべき姿を，広く深い視野から見つめなおすことができない。それがどういう実践なのか理解できないまま，日々の課題や雑事に追われるばかりの教師になってしまう。

1-2　実習生はどう見られたか？

　さて，やるべきことはわかった。あなた自身の暗黙の前提を疑ってみる・問いなおすのだ。……とはいうものの，なんらかの材料がなくては，その作業は始められないだろう。思うに最適な材料のひとつは，教育実習に行ってきたあなたの先輩方がどんなふうに評価されたかに関する全体的な結果である。なぜ

最適なのかといえば，実習生に対してなされた諸評価が，暗黙の前提から問い
なおす根源的な思考や，教育の仕組みの原理的・歴史的・社会的把握という，
知性の不充分さを端的に物語っており，したがって，「ああ，だからまずいん
だな」とリアルにわかってもらえる，と思うからだ。

　あなたは学部や部活・サークルの先輩から，「教育実習はこんなふうに大変
だった」という話を聞いたり，『教育実習の手引き』に掲載された実習修了者
の手記を読んだりすることがあるだろう。これらは大変参考になる。だがあく
までも，本人の主観的評価である。実習生を指導した現場の先生方の評価は，
ずっと厳しい。実習指導担当の先生は，後述する「教育実習成績報告表」の「総
合所見」に，「熱意は充分だが，物事を掘り下げて捉えそれを言葉にする力が
ないため，表面的な授業に終わることが多かった」(総合評価B)，「授業におい
て最低限必要な基本的事項をくり返し助言したが，ほとんど改善できなかっ
た」(総合評価C)，といったコメントを書かれている。

　翻訳すれば，「基準（根源から考えぬくことで培われていく，あなた自身の思想・
判断の核）ができていないから，それを養わなければならない」。つまり先生方
も，教育原理をまなぶことは大切だ，と訴えている。それは，「教師の実践力
が不足している。だからそれを身につけよう」というレベルの指摘では決して
ない。

　それにしても，教育実習生はどんな点で「ダメ出し」をされているのだろう。
評価の全体的分布はどうなっており，なぜ，そうなるのだろう。この序章はま
ず本節で，実習生への評価を手がかりに，教育原理をまなぶことについて考え
てみる。そのうえで，次節に進んでいけば，本書が展開する探究の基本的枠組
みがつかめるだろう。

1-3 「教育実習成績報告表」とは

　実習生は教育実習期間中，「教育実習日誌」を毎日書いて指導担当教諭に提
出する。すると，朱書きのコメントが付されて返ってくる。実習終了後には，
教育実習成績報告表というものが作成され，大学に送られてくる。この事実を
知らない実習生は多い。だが，教育実習本番で，一体どのような力量が，どの
ような観点（項目）から評価されるのか，実習前のより早い段階から知ってお
くに越したことはない。だから，ここで明示しておこう。

表序 -1 「教育実習成績報告表」における評価項目一覧（Z 大学の例）

	評価事項	主な着眼点
1	児童・生徒とのふれあい	児童・生徒との相互理解を深めるため，親しく話し合ったり，生徒の中に溶け込もうとしたか。
2	教職への関心	職場・地域等の教育問題に積極的な関心を示し，自主的・協力的に教育活動を進めようとしたか。
3	自己表現力	自分の考えや意思を，ことば・文字・その他の表現手段でどれだけ明瞭にわかりやすく表現しようとしたか。
4	教材研究	教材内容について十分な理解を持っているか。教材の選択とか作成，利用の仕方は適切であったか。
5	教科指導の技術	授業案の立て方，発問や説明など授業展開の工夫，生徒への対応の仕方は適切であったか。
6	学校経営・生徒指導	個々の児童・生徒や学級の実態の把握に努め，生徒活動や学級の諸活動に参加して，効果的な指導ができたか。
7	事務能力	学校経営上の事務処理等がうまくできたか。実習記録，その他の書類などを的確に記述し，期限内に提出したか。
8	勤務態度	常にきまり正しく，誠意を持って仕事に従事したか。実習中，指導教諭などの指導・助言にしたがいどれだけ自己改善に努めたか。

　たとえば Z 大学の例だと，表序–1 に示すとおり評価項目は八つあり，これらは A，B，C の三段階評価となっている。それから前述の「総合所見」。数行のスペースにコメントが書きこまれる。そして最後に，A，B，C，D の四段階で，「総合評価」がつけられる。D は不可（不合格）である。

　教育実習修了生は八つの評価項目のそれぞれで，どんなふうに A，B，C がつけられているのだろう。本節は，その具体的なデータを示しつつ，暗黙の前提から問いなおす根源的な思考や，教育の仕組みを原理的・歴史的・社会的に捉える力の不充分さ，つまり「教育を原理的に探究する」力量の不足がそこに現れていることを伝えたい。

　もちろん筆者は，「評価項目について知っておけば，良い評価がもらえるようなふるまい方がわかる」などといっているのではない。そんな「小賢しい」やり方はまったく通用しない。分析結果とその考察に基づいていえば，1〜3年生のあいだにじっくり養っておかないと力を発揮できない事項が，概して評価が低くなる傾向がある。教育実習直前とその期間中に一生懸命がんばるだけ

では，まったく歯がたたない事柄があるのだ。こうした由々しき事態があることを知らず，なんとなく教育原理（をはじめとした教職諸科目）をこなす，という過ごし方をする学生は少なくない。だが，貴重なトレーニングの機会を自ら捨ててはならないのだ。

1-4 評価の分布と「総合評価」＝Ａの決め手

以下では，過去のある年度に教育実習に参加した，Ｚ大学の学部生 221 人を対象に，初歩的な統計分析を試みる[2]。分析結果はやさしい文章で表現してあるし，百分率しか用いていないので，「統計？　私，数学苦手なんだけど……」という読者でも，心配は無用である。

分析に入る前に，実習先・実習生の概要を確認しよう。まず，設置者と学校種である。表序–2 を見ると，公立と私立の比は約 2：1，学校種では，高校が過半数をしめている。公立だと中学がやや多く，私立だと高校が 3 分の 2 となっている。なお，表は省略するが，男女比は 3：2，実習先の所在都道府県は，関東の都県で 7 割に至っている。

それでは，総合評価と八項目の評価分布を確認しよう。図序–1 に，それぞれ A, B, C が何パーセントをしめるかを表した（総合評価の D は該当なし）。なお，各項目の右端にカッコ書きされた数字（たとえば，「総合評価」なら 2.66 という値）は，A=3 点，B=2 点，C=1 点とした場合の，平均値を示している。このグラフからわかることは三点ある。

第一に，「勤務態度」と「児童・生徒とのふれあい」については評価が高い。

表序 -2　実習先の設置者と学校種のクロス表 (列％)

	公立	私立	合計
中学	75 52.10%	26 33.80%	101 45.70%
高校	69 47.90%	49 63.60%	118 53.40%
中高両方	0 0.00%	2 2.60%	2 0.90%
合計	144 100.00%	77 100.00%	221 100.00%

前者は9割近くが，後者は7割以上がA評価となっている（平均点も2.86, 2.70である）。第二に，これに対して，残る六項目は評価がかんばしくない。A評価は5割台に落ちこんでいる。ワースト1は「教科指導の技術」（学習指導案作成を含めた授業力）で，A評価は5割（平均は2.45），ワースト2が「事務能力」でA評価は5割強（平均は2.49）である。第三に，にもかかわらず，「総合評価」では，7割がA評価となっている（平均は2.66）。

　ようするに，「総合評価」の成績は甘めにつけられている。修了生が最終的に成績表で目にするこの成績は「甘口評価」だと捉えるべきなのである。

　さて，ここでひとつ疑問が浮かんでくる。指導担当教諭は八項目に評価をつけたあと，どんなふうにして「総合評価」の成績をつけるのだろうか。もちろん，先生方の頭のなかを覗くことはできないが，八項目中Aが何個あるかは，「総合評価」がAであることに大きく影響していると考えてよいだろう。そこで，Aの個数と「総合評価」の関係を見てみよう。表序-3を見ると，Aが6個以上だと，100%の割合で「総合評価」もAになる。5個だと90.3%が，4個だと62.5%が，「総合評価」でAとなっている。

図序-1　評価項目の成績分布

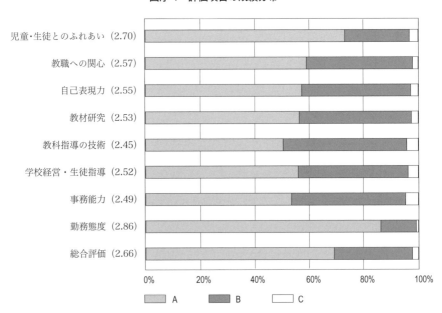

| | | Aの個数 | | | | | | | | | 合計 |
		0	1	2	3	4	5	6	7	8	
総合評価	C	5 35.70%	1 7.10%	0 0.00%	0 0.00%	0 0.00%	0 0.00%	0 0.00%	0 0.00%	0 0.00%	6 2.70%
	B	9 64.30%	13 92.90%	15 100.00%	14 93.30%	9 37.50%	3 9.70%	0 0.00%	0 0.00%	0 0.00%	63 28.50%
	A	0 0.00%	0 0.00%	0 0.00%	1 6.70%	15 62.50%	28 90.30%	44 100.00%	37 100.00%	27 100.00%	152 68.80%
合計		14 100.00%	14 100.00%	15 100.00%	15 100.00%	24 100.00%	31 100.00%	44 100.00%	37 100.00%	27 100.00%	221 100.00%

　八項目のうち 5 個も A がついても (9.7% = 3 人)，あるいは 4 個ついても (37.5% = 9 人)，「総合評価」が A ではないのはどのような場合なのだろうか。

　A が 5 個ついた 3 人を見てみると（図表略），全員に共通しているのは，「教科指導の技術」が B だという点である。うち 2 人は，「事務能力」「教職への関心」が B，残る 1 人は「教材研究」「勤務態度」が B となっている。

　A が 4 個ついた 9 人全員に共通しているのは，「教科指導の技術」が B ということである。うち 8 人は，「教材研究」で B（7 人）あるいは C（1 人）となっている。9 人中 5 人は，「事務能力」で B（3 人）あるいは C（2 人）である。また 9 人中 4 人は，「教職への関心」で B 評価がついている。

　以上をまとめると，次のようにいえる。「総合評価」で A を得るには，A が半分以上であることが重要であると同時に，「教科指導の技術」が「決め手」であり，そしてこれに，「教材研究」と「事務能力」が続いているのである。

1-5 「教科指導の技術」を左右するものはなにか

　ここまでの分析からは，「教科指導の技術」がきわめて重要だということが明らかになった。では，「教科指導の技術」を左右するのはなんだろう？　板書がきれいなこと？　穴埋めプリントが懇切丁寧なこと？——たしかに大切だが，これらは本質的な要素ではない。こういう個別テクニックの話ではないのだ。教育実習先で実習生たちの授業を見ながらその相談にのっている筆者の経験からは，「教科指導の技術」を左右するものは三つあると考えられる。第一

に準備能力，第二に教材研究，第三に授業本番での即興性（授業のなかで生徒の発言や表情から理解度を捉えて対応する力），である。これら三つの比重は全部同じではなく，教材研究が大部分をしめる，といってよい。

第一の準備能力は，本章の趣旨には直接関係ないけれども，大変重要なので指摘しておく。準備能力は，事務能力といいかえてもよい。表序–1におけるその説明は，教材研究とは一見無関係に見えるが，そうではない。内容を深く理解したうえで，期限内に教材をつくる力量（たとえば，担当教諭に学習指導案の草稿を事前提出する）は絶対必要だ。どれほどがんばって準備していても，時間に間にあわせる事務能力がなければ，中途半端なままで授業に臨まねばならない。中途半端さは自信のなさを生む。自信がなければ，ごまかした教え方につながる。「先生のくせに，生徒の質問に答えられないの？」と思われたくないから，自分を守る防御的な姿勢をとってしまう。準備能力と次に見る教材研究の二つがそろわないと，良い授業への備えはできないのだ。

第二の教材研究は，ともすれば「授業でなにをどう伝えるか」に偏りがちだが，まずは自分が深く理解していなければならない。ところが，根源から問いなおす思考力が不足していると，表層的な教材研究しかできない。たとえば，高校世界史で「産業革命後の社会」という単元を扱うとしよう。教科書には，産業革命の影響のひとつに「資本の国際移動」があげられているので，これを板書する。で，生徒に「資本ってなんですか？」と聞かれたら，あなたはなんと答えるだろうか？　答えられないなら，それは本当には理解していないのである。「資本」なる語をなんとなくわかったつもりのまま，教科書の表面をなでているだけ。これは実際にあった話だ。

その実習生はこう返した。「説明するのは難しいんだけど……資本がイギリスの外に出た，ってことです」。説明するのは難しいんだけど，は禁句であるうえに，これではまったく説明になっていない。「資本ってなんだ？」と根源から問う習慣がないとこうなる（筆者なら，「資本とは，お店や工場を始める元手のこと。お店や工場を始めるには，お金や土地，材料や機械などが必要でしょう？」と伝える）[3]。そうすると，どんなに教育実習直前・実習期間中に「教材研究」をがんばっても，それは高度な「教科指導の技術」として結実してはいかない。

では，自分が深く理解していれば教材研究として充分なのか？　答えはノーだ。なぜなら，生徒たちがどう理解しているのか（していないのか）を捉えてい

ないからである。教材研究には，自分がどう理解するかだけではなく，生徒の認知と感情の構造に迫っていくことが不可欠だ。つまり，生徒はどのように頭を働かせているんだろう，また，この子たちはどのような思いで教室にいるのだろうと，自分はどうだったかということも思い出しながら，想像しようと努力することである。

上記の例でいうなら，高校生くらいだと資本をどんなふうに捉えているのか，生徒の理解の仕方を深く探っていくのだ。そこがわかっていなければ，あなたは本当には教材研究をしていることにはならないのである。同時に，生徒たちはどんな気持ちで聞いてくれているのかな，と彼らの感情のあり方を想像してみる。ここまで迫ろうと努力してこそ，教材研究なのである。

第三の，授業本番での即興性とはようするに，「教材研究は本番の代わりにはならない」。どれほどしっかりと（事務能力を発揮しつつ）教材研究を行なっていたとしても，うまくいくとは限らないのだ。「授業は生きもの（ナマモノ）である」という言い方がよくされる。たとえば，次のようなことが起こる。

あなたは「最初に10分とる導入では，○○っていう発問を投げかけて，そこから30分を展開にあてて，そこではこの資料の読みとりがメインで，それから最後の10分でまとめをして……」というように，学習指導案とプリントを一生懸命につくるだろう。けれども，○○という発問に誰も反応しないかもしれないし，たまたま指名した生徒が（予定した授業の観点からは）まったくトンチンカンな発言をするかもしれない。せっかくつくった資料も，簡単すぎてほとんどの生徒が興味を失うかもしれないし，そのために最後のまとめにしても，言うつもりだったことを，その場で考えなおさなければならないかもしれない……。かくして，教材研究は本番の代わりにはならない。授業は偶然性に支配されているのだ。そのため，その場その場での当意即妙がものをいう。それは，授業本番の経験を積んでいくことでしか身につかないものだ。

もちろんだからといって，教材研究は必要ないわけでは決してない。しっかり教材研究を行なっておくと抽斗が増え，思わぬところで柔軟に対応できる。このように，授業本番での即興性の質に影響するのだ。だから，教科指導の技術を左右するものの中心は，やはり教材研究だということになる。

先に確認したように教材研究は，最初は自分自身の教材理解から始まるのだが，同時に生徒の理解の仕方についての理解も不可欠であり，生徒の理解を理

解する（できない）私，として，再び自分のところに返ってくる。こんなふうにグルグル回るプロセスをくり返していると，教材研究や教科指導を飛びこえて，「そもそも教師の（を志望する）私ってなんなんだろう？」という根源的な問いが，あなたの内側から湧きおこってくることだろう。

　これは自己を相対化する問いである。そこでは，他者はわかりえないかもしれないという不確実性や，どんなに善意の教師であれ，教師－生徒の関係は対等ではないことから発する教育の権力性などについて考えていくことになる。それは，「教育（教師）は良きものだ」という思いこみを問いなおすという，実にタフな作業である。というのも，あなた自身の学校の良い思い出・良い教師との出会いを，いったんは否定するか少なくとも判断留保しなければならないからだ。だがまさしく，これが「教育を原理的に探究する」ことに他ならず，本書はこの作業をひとつひとつやっていこうというわけである。

1-6 本節の結論

　以上本節は，教育実習生への評価を手がかりに，教育原理をまなぶことについて考えてきた。「教育実習成績報告表」の分析からは，次の二点の知見が得られた。第一に，「総合評価」は甘めである。第二に，「総合評価」でＡを得る，あるいはその確率を高める非常に重要な要因は，一定以上のＡの個数（4〜5個以上）と「教科指導の技術」である。

　ようするに教える技術が，教育実習の評価において非常に重要なのであった。本節の冒頭に述べたように，「子どもの個性を大切にするのがやっぱり良い先生だ」，「授業の技術よりもなによりも，生徒のためを考えて一生懸命に接することの方が大切だ」というような精神論・根性論に終始してはいけないのだ。くり返せば，熟達した教え方は，生徒の認知と感情の構造に迫る力量を不可欠とする。そして結局それは，自分自身の教材理解にたち返っていくのであり，さらには自己相対化に行きつくものなのである。

　自己／他者あるいは教師／生徒の存在・関係の不確実性に耐えながら，知識やスキルをわかりやすく教える力量――その土台づくりをするのが，教育原理という授業である。この力量は，根源から問いなおす思考力・習慣と不可分なのであり，その不足は，実習生の授業を見ていて痛感する。

　ではどうすれば，その力量・習慣は身につくのだろうか。それにはまず，予

習せずに身体だけ教室に運び，板書をノートして試験前に暗記，といった「ド
ラえもんの暗記パン」のような学び方を即刻停止することである。授業で指定
・紹介された教科書や参考書，論文や書籍を，予習として当たり前に，自力で
読みこむことである。人から教えてもらうのを待つことばかりを続けていたら，
授業で教えることなど，どうしてできようか。

　しかしながら，アンティオック大学のロイ・フェアフィールドが指摘したよ
うに，私たちは「学校でなにをすべきかを教えてもらうように条件づけられ，
学習に対するきまりきった接近方法に合わせられ」ているために，大きな自由
度がある学びに臨むと，「自己と直面することがそれ自体脅威となる」（Fairfield
1972/1979, p. 147）。これが大事だ，あれを覚えなさい，という指示がなく，なに
を調べるか・考えるか自体を自力で考えねばならなくなると，それができない
「自分自身の不信に苦しんで，しばしば，もっと自分に居心地のよい様式に戻
ったり」するのだ（同掲書，同ページ）。筆者がある中堅大学で実施した，2年
生対象の質問紙調査では，「大事なところは色を変えて板書してほしい」にイ
エスと答えた学生は83% にのぼった（筒井 2006）。「自分に居心地のよい様式」
からぬけだせない，あるいはぬけだす必要性すら感じていない学生が，こんな
にもいる。

　私たちはこうした「学校化された知性」（Illich 1971/1977）を克服しなければ
ならない。そうでないと，「ここが大事だから暗記しなさい」式の教え方しか
できない。生徒の興味をかきたて考えさせる面白い発問を，自ら考えつくこと
など不可能である。だから，人から教えてもらう前に自力で論文や資料を読み
ぬく作業，すなわち予習の習慣化が肝心だ。

　ところで，教える技術の向上には，事務能力も欠かせなかった。もちろん事
務能力は，教育原理そのものと直接関連するわけではない。だが，その重要性
はくり返し指摘しておきたい。事務能力もまた，一朝一夕には身につかない。
余裕をもって間にあわせる力には，必要な段取りを見とおす力が必要だし，そ
れには自分の実力や癖を考慮して，おおよその所要時間を予測できなければな
らない。さらに，紙媒体にせよ電子媒体にせよ，散乱しがちな大量のプリント
やノート類を整理整頓する習慣が不可欠だからである。

　こうした能力についても，多くの学生はまだまだ不充分である。レジュメや
プリントが乱雑に突っこまれたままの膨れあがったクリアファイルが散見され

る。また，たとえば筆者が，「この考え方は，前々回のレジュメのまとめにも書いてあったね」と 40 人規模のクラスで指摘すると，（紙で／電子的に）ファイルされたレジュメ・資料をチェックし，印をつけノートをとるのは，わずか 5 〜 6 人である。教育実習に行くと，教材研究として大量の資料・文献を参照し，ノートをとり，プリントをつくる。上記のような習慣がないままでは，教材研究をまともにやりぬくことはできないのだ。

　授業の予習をしよう。レジュメ・資料をこまめに整理しファイルしよう。時間は，これらの単純な作業ができない者の脇を，するりととおり過ぎていく。それではいけない。まず始めるべきなのは，これらの単純な作業である。教育原理に関していえば，予習の積み重ねは必ずや，暗黙の前提から問いなおす根源的思考，教育の仕組みの原理的・歴史的・社会的把握，つまり知性を磨くのであり，それは納得のいく充実した教育実習そしてまた教員生活へとつながっていく。

　さて次節では，教育原理をなぜ学ぶのか，またどういう発想をするのかについて，より詳細に説明していこう。

第 2 節　教育の原理的探究はなぜ必要か

2-1　教育原理をまなぶことと教職につくことの溝

　教員免許を取得するには，「教育原理」をまなぶことが必須とされる。この教育原理では，「自由七科」とか「訓育」とか，およそ日本語とは思えない言葉や，「コメニウス」や「ペスタロッチ」のように，どこの国の人なのか想像もできない人物の名前を習う。教育原理の単位をとらないと教員免許は取得できないし，実際の教員採用試験でも「教育原理」は重要な位置をしめているから，教職をめざすみなさんは，一生懸命これらを暗記するだろう。このように，教育原理の勉強と教職につくこととのあいだには，資格に必要という重要な関係がある。

　しかし，そんな外在的な問題を抜きにして，教育原理をまなぶことと良い教師になることのあいだには，どんな関係があるのだろうか。教育原理をまなんでいたことで，教育実習に行ったとき，教職についたとき，一体どんなことが役にたってくれるのだろうか。コメニウスが世界で初めて教科書らしいものを

つくったという知識は，教科書を用いて授業をするとき，一体どう役だってくれるのだろうか。

　本章第1節で述べたように，良い教師になるためには，精神論や根性論では乗りこえられない問題があり，かといってその問題を，教職につきたい個々人の人格論に帰してしまうことも妥当ではない。良い教師になるためには，適切な事務能力でもって，きちんとした教材研究と授業準備を行なうことが，つまりは，入念に準備した良い授業をすることが不可欠なのである。教員志望の学生に求められるのは，これらのやり方についての，実践的かつ知的なトレーニングである。

　すると，良い教師になることと教育原理をまなぶことには，一見するとやはり，本質的なつながりはないように思われる。教育原理が，昔の偉い人の名前や業績を覚えることであるならば，間違いなくそこにつながりはない。だからこそ教育原理はしばしばつまらない，不人気の授業になるか，まれに「教育原理が好き」という学生がいても，その理由を聞くと「世界史が好きだから」という答えが返ってきてしまう。

2-2 良い教師になるための要素

　しかし，第1節を思いだしてほしい。良い教師になるためには，第一に準備能力，第二に教材研究，第三に授業本番での即興性が必要である。第一の要素は，とくに実習生のあいだは，とにかく時間をかけて準備すればなんとかなるかもしれない（し，ぜひしっかり時間をかけて準備をしてほしい。時間がないなかでテキパキと準備ができるようになるのは，その先の話である）。ここまでは，良い教師というよりも，悪くない教師になるために必要なことである。しかし，第二の能力となると，通り一遍の教科書理解では良い教師にはなれないのは，第1節で考えたとおりだ。生徒の理解度を捉える，という他者理解に基づいた教材研究を授業準備の段階で入念にやっておかないと，生徒の反応を無視し，生徒がわかっていようがわかっていまいが一方的に進むだけの授業しかできない。つまり，授業本番での即興性という第三の要素もこぼれおちてしまう。

　生徒の反応を予想し取りいれながら授業を行なうためには，生徒たちにとってこの問題はどこがわかっていて，どこがわかっていないのか，ということを教師が理解しなくてはならない。教師によるこうした見とりを，一般に「児童

・生徒理解」という。生徒といったって他人であり，その頭のなかを想像し見定めるのはとても難しい。難しいが，文部科学省も，良い指導には適切な児童・生徒理解が不可欠だ，と明言している。しかも教科指導と生活指導の両面において，児童・生徒理解は不可欠なのだ。難しいからといって放棄するわけにはいかない。

　ところで，第1節では教科指導を中心に考察してきたので，本節では，生徒指導も含めて考えてみよう。生徒指導において（教科指導でも）誤解されがちだが，実は，児童・生徒理解をしっかりするということは，子どもと同じ目線で考えたり，その立場に自分もたって考えてみるだけではできないし，この方法だけに頼っていくと，ともすれば子どもを傷つける危険性さえともなうのだ。この点についての理解が不充分だからこそ，教育論はしばしば，最終的に，誤った根性論や人格論に陥ってしまうといえよう。では，児童・生徒理解ってなんなのか。なぜそれは，第1節で述べた，自己を相対化すること，他者はわかりえないかもしれないという不確実性に耐えること，教育の権力性を自覚すること，つまり「教育を原理的に探究すること」につながるのか。この点を，少し遠回りのようだが，考えてみよう。

2-3　思いこみを疑う

　私たちは，いろんなことを，当たり前だと思いこんでいる。そうでなければ生きてくのはとってもややこしくて困難だ。電車に乗るとき，その電車が行き先表示どおりに進むのは当たり前と信じている。「東京駅行きのこの電車が間違って横浜駅に行ってしまったらどうしよう」なんてことは考える必要がない。しかも，考えるべきかどうかなんてことさえ，私たちの頭には浮かんでこない。つまり私たちは，ただ単にいろんなことを当たり前だと思いこんで生きているだけでなく，「当たり前だと信じこんで生きている」という事実にさえも気づいていないということだ。

　こういう思いこみは，学校に関してもいろいろある。学校は，基本的にはなるべく行った方がいい。そりゃ，いまの時代は心の病気とか，イジメとかいろいろあるから，学校を休んでるというだけで一概に悪いとはいえないけれど，怠けて休んでいるのだったら，やっぱり良くないと思う，とか。みんなで決めたルールは守った方がいいから，せっかく学級会で「ドッチボール大会をする」

って決めたのに、「ドッチボールは嫌い」といってサボるのは良くないと思う。ボールに当たるのが痛くて嫌なら審判をすればいいはずだ、とか。

　こうした考え方は、まあ常識的な考え方といえるだろう。でもそれは、いまの日本の常識的な考え方でしかないことも確かだ。文化の違う国では、「みんながしようと言ったからドッチボールをするの」と言ったら、「あなたはこの歳にもなってまだ自分のしたいことを自分で決められないのか、もっと自立しなさい」と怒られることだってありえる。ようするに、私たちは普段から自分がさまざまなことを当たり前だと信じていることにさえ無自覚なのだけれども、そういう当たり前だと思っていたことのなかには、別の社会では当たり前ではないことが結構あるのだ。外国では、他の民族では、あるいは他の時代では。

　いまから考えると驚くことに、産業革命後の人びとは、工場で製品を大量生産するのと同じ理屈で、子どもたちを一度にたくさん教育する方法を考えた（第2章第3節）。教育という製造ラインに、「まだ教育されていない子どもたち」を乗せて流していけば、大量の「教育された子どもたち」が製造される。そんなことを本気で考えて実施したのだ。

　ここで、昔の人はとんでもない、などと笑っていてはいけない。50年後には、私たちがいま関わっている21世紀前半の学校教育だって、非常識でとんでもないものに思われる可能性が充分にあるのだ。そう思うと、やっぱり私たちは自分たちの教育を疑ってみる必要がある。もちろん、50年後に笑われないためではなく、いまできるかぎりの最善のことをするために。

　さて、ここで気がついただろうか。自分たちの教育で当たり前だと思っていることを疑う力は、良い教師になるための第二の要素、教材研究の問題とパラレルになっている。私たちは、教科書の内容について、自分がわかっていると思いこんでいるものを疑って考えてみる必要がある。その中身をしっかり吟味する必要がある。同じように教育のあり方だって、いまあるものが当然だと思わずにしっかり疑ってみる必要がある。

　とはいえ、なんでもかんでもただ疑えばよいというものではない。当然だと思っているものを全否定しろというのではない。そもそも、当然だと思っていることを根本から疑うには知的なトレーニングが必要だ。なぜなら私たちは、自分が当然と思いこんでいること自体に無自覚なのだから。上で述べたように、当たり前のことは、私たちの生活にはなくてはならない重要な役割も果たして

いる。ふさわしいところにふさわしい問いをたてて答えを見つける。このトレーニングを，教育原理では積んでいくことになる。

2-4 ルーツを探る

では，そのためにはどうしたらよいか。実はとても重要なのが，相対化する力量と，当事者意識だ。

まず，相対化について考えていこう（当事者意識については，2-8で述べる）。

教科の内容であれ，生活指導の方法であれ，教育そのものであれ，疑ってかかることが大切だ，と先ほど述べた。とはいえ，なんでも疑って否定すればよいわけでもない，ということも述べた。では，どこをどのように疑ってかかればよいのだろうか。

私たちが当たり前に思っていることを疑うためには，自分の考え方のルーツ（根っこ）がどこにあるのかを探る必要がある。ルーツにまでさかのぼってみると，なぜ自分はあることを当然のものと思っていたのかがわかってくる。産業革命期のヨーロッパで，大量生産方式の学校教育が生まれたのも，ラインに乗せてバンバン同一品質のものをつくりだすという考え方が，親方の下で徒弟たちが熟練の手作業をするというギルド的生産が当たり前であった当時からすれば，画期的だったからだ。しかも，たくさんの戦争や革命や産業構造の変化を経て，劇的に新しくなった当時の世の中でどのような教育をすればよいのかという問題に，うまい答えをだしてくれそうな理論に思えたからだろう。

このように，私たちの考え方は，その国の歴史，社会的状況，そのときに支配的な社会思想，そういうものに影響されている。だから，大切なのは，そのルーツがなんなのか，根っこを探ってみることだ。自分やまわりで「常識的」で「当たり前」のことを，世の中の普遍的な真理として信じる前に，そういう常識や当たり前感は，どんな社会的状況，思想によって生まれてきたのか，その根本のところを考えてみる必要がある。

たとえば19世紀の社会と当時の教育を探ってみると，そこにはある関係が見えてくる。ペスタロッチという偉大な人物が突然登場したのではなく，その背景がちゃんとあることがわかる。そうすれば，21世紀の社会と教育との関係も見えてくる。現代を基準にして，昔の教育をおかしいとか良いとかいうことはできない，ということがわかってくる。こんなふうに自分の立ち位置を確

認してみること，これが相対化だ。

　さて，なぜ良い教師になるために，教育原理をまなばなくてはならないのか，その「必要性」の部分はわかってきた。そうしなければ，私たちは思いこみから脱却できないからだ。では，こういうトレーニングを積むと，どんな良いことがあるのだろう。さきほどの話では，これは，「児童・生徒理解」と絡んでいるとのことだけれども，どう絡んでくるのだろう。次に，この問題について考えてみたい。

2-5　多様な教育への対応

　教育原理をまなぶことで，教育のさまざまな変化に対応していけるようになる。

　次の例で考えてみよう。2010年代の後半から，「アクティブ・ラーニング」という言葉をやたら耳にするようになった。アクティブというのは，響きの良い言葉だ。魅力的な印象を与える。実際，大学の教職関連の授業では，アクティブ・ラーニングを自身の教育に取り入れたいと熱意をもつ学生が多い。教師受難のこの時代に教員を目指そうとする学生たちの多くは，とても勉強熱心で，新しい手法をたくさん勉強してくるのだ。

　と同時に，当初はこの言葉に反発を抱いた現場の教員も少なからずいたように思う。少なくとも筆者の周りでは，授業の名手とみなされるようなベテラン教員に，ネガティブな反応が多かった。おそらくその理由は，アクティブといわれると，グループワークやディスカッションをしなければならない，と授業方法を指定されたように感じるからだ。授業をつくる力には，匠の技のような側面がある。その人にしかできない教材研究と生徒理解をもとに，授業という「ナマモノ」のなかでドラマが繰り広げられる。そんな授業を生みだそうと研鑽を積んできた教員には，生徒の行動だけがアクティブになる授業に疑問を抱いただろう。

　アクティブ・ラーニングは，こうした議論を経て，学習指導要領では「主体的で対話的な深い学び」という，かけ離れた言葉に変換されることで，曖昧な決着を見た。そして筆者の所感では，多くの教室で，グループワークやディスカッションが増えた。アクティブ・ラーニングを実現するためのたくさんの手法が開拓された。決して，悪い流れではないと思う。けれども，筆者から見る

と，アクティブ・ラーニングの例とされるグループワークを取り入れていよう
がいまいが，それだけでは授業の魅力度（つまり生徒がどれだけ深くまなべるか）
はあまり変わらない。

　大切なのは，授業方法が，教材研究と生徒理解という深い深い探究を活かす
ための，選択肢として提示されているにすぎないということである。教育方法
の多様な選択肢は，それが教育とはなにかという原理的なまなびに基づいてい
るかぎり，教師のそうした探究を活かす有益な方法を選べる提案となる。けれ
ども，原理的なまなびを無視したとたん，多様な授業方法こそが，ポイントだ
と誤解されてしまう。「ジグゾー法」を取り入れようとか，ディスカッション
で表現力をつけさせようとか，方法についての議論が前面に出てきてしまう
のだ。忘れてはいけないのは，それらの手法を用いて，生徒が真理に向かって探
究できたのか，がもっとも重要であるということなのに。

　教育実践への要求は，世論や社会的関心によって，かなり短いスパンでも変
化する。その要求に直面したときに，振り回されて疲弊しないためには，なぜ
そのような要求がなされているのか，その本質はなんなのか，判断する基準を
しっかりと自分のなかにもつことだ。

　この基準となるのが，社会と教育とは相互にどう規定しあっているのか，と
いう見きわめなのである。たとえば，不登校への文部科学省の対応は，1990
年代には，無用な登校刺激を与えてかえって事態を悪化させることのないよう
にという指示だったが，2000年代には，かといって安易な不登校容認も良く
ない，という指示に変更されている。この変更は，表面的には，支援方法の抜
本的な違いに見える。さらにいえば，90年代の支援方法は2000年代になって
否定されたとも受けとれる。けれど，学校のなかの変化だけで理解するのでは
なく，社会全体の変化を捉え，その一部としての学校の変化を見きわめれば，
そこには1990年代には顕在化していなかった若者の就業問題，ニートやひき
こもりの問題との連続が見えてくるだろう。

　ただし，「不登校を容認したら怠ける若者が増えたから，やっぱり学校に来
させないとダメなんだ」という理解ではあまりに一面的だ。世論自体も疑って
検証してみよう。もしかするとそこには，「アメとムチ」のような単純な教育
方法論にいまだに取りこまれている社会が見えてくるかもしれない。若者の問
題と不登校の問題を一直線につなげる「世の中の普通の考え方」自体に潜んで

いる，未来への漠然とした不安が見えてくるのかもしれない。そのような根っ
こを自分自身で疑いつつ確かめるとき，不登校への対応方針の表面上の違いで
はなく，目の前の子どもにどう声をかけるか，自分なりの判断基準が育ってく
るだろう。

　このように，教育を成り立たせている根本，ルーツ，そういうものをしっか
り見きわめておく必要がある。教育は良いものだ，教育は必要だといった思い
こみではなく，なぜそういえるのか検証を重ねたルーツ，そのつど疑いながら
確かめていくルーツだ。だからこそ，自分たちがいま関わっている教育を相対
化しておくことは，単に良い教師になるために必要なだけではなく，教師にな
ったあとでとても役にたつのだ。

2-6 不可能性としての子ども理解への対応

　さて，以上の点をふまえて，児童・生徒理解の問題に進みたい。

　結論を先に述べておくと，相対化する力量を備えることで，児童・生徒理解
について，少なくとも最初の難関を突破しやすくなるのだ。

　教師は，一般的にいって次のような人が多い，とされる。いわく，真面目で，
道徳的で，他者に対して共感的で，奉仕の精神が強く，他方で，ともすれば真
面目すぎるというか，頭が硬い。学校が好きだし，子どもが好きだ（これはあ
くまで一般論なので，あてはまらない先生だって多い）。

　さて，このような先生にとって，不真面目で，不道徳的で，思いやりに欠け，
人のために尽くすのが嫌いな子どもというのは，とてもやっかいだ。やっかい
なのは，自分の想像できる範囲を越えてしまうからだ。たとえば学校に来なく
なる子どもがいると，たいていの場合，先生は，「なにか友だちとトラブルが
あったんじゃないか，部活がハードなんじゃないだろうか，親となにかあった
のだろうか，勉強がストレスになっているんじゃないだろうか，まさかうちの
クラスでイジメなんかないだろうか」と，真剣に心配するだろう。先生のそう
した心配が，学校に来られなくなった子どもにとって，救いとなることももち
ろんある。

　けれど，このような心配は，「学校というのは本来，休む必要のない楽しい
場所のはずで，その学校に来られないというのはなにか原因があるはずだ」と
いう前提から来ている。だから，不登校の原因が，友だちとのケンカだとか，

部活でレギュラーを外されたことだとか，はっきりすると，学校に来られなくなってしまった子どもの辛さに胸を痛めながらも，一定の納得をしてしまう。他方で，原因のはっきりしない不登校，ただ怠けているだけに見えたり，トラブルや挫折があったわけでもない不登校は，先生にとっては理解しがたいものとなる。

　子どものことが理解しがたい，というのは，なにも「熱心な先生」と「不真面目な生徒」との関係に限らない。子ども時代になんらかの辛い体験を抱えながら，その経験をバネにして教職につく人間にだって，落とし穴はたくさんある（それどころか，こちらの落とし穴のほうが，落とし穴と気づきにくいだけ，よほど深刻かもしれない）。たとえば，教師がかつて不登校を経験していても，いま不登校になっている子どもの気持ちを，それだけで理解できるわけではない。

　たしかに，学校に行く／休むという基準で見たときに，両者は同じ「不登校」というカテゴリーに分類される。けれど，そもそも学校に登校している子どもたちがそれぞれ違う人間であるように，不登校の子どもたちも，それぞれ千差万別である。ましてや，不登校という悩みにいままさに直面している人と，なんらかのかたちでそれを乗りこえられた人にとって，不登校という言葉で表される問題は，まったく異なっていることだってある。それを「私も昔，不登校だったから，あなたの気持ちがわかるんです」などと言うわけにはいかないのだ。

　このように見てくると，教師は児童・生徒理解に努めなさいといわれるが，そもそも他人同士だし，生きてきた時間も違うのだし，40人対1人だし，理解なんて不可能なのではないか，という疑問がつきまとう。けれども，だからあきらめよう，というのも教師の仕事を放棄することになる。なんらかのかたちで子どもを理解しなければならない。それも，「相手を理解しようとする気持ちが大事」というような具体性のない「熱意」や「努力」ではなく，かたちあるトレーニングが必要なのだ。それが，本書で何度も述べている，物事を相対化する力量を養う，ということだ。

　たとえば，学校に来たり休んだりをくり返し，学校に来れば元気に過ごす子どももいる。教師の目からはただ怠けているだけにしか見えないその子を前にして，それでも自分の体験では想像もできないようななにかがこの子どものなかでは起きているのだ，と考えられるか，それとも，理由がない以上この子は

不真面目な困った子どもなのだと思うのかによって，子どもへの接し方は大きく変わってくる。子どもを理解するということは，少なくとも，そうした実践の違いを生み出すものでなければならない。

　ここでも大切なのは，学校というのは本来休む必要のない楽しい場所のはず，と自分が思いこんでいることの根っこにはなにがあり，この子どもが学校に来ないということの根っこにはなにがあるのか，そこを根源から問いなおし自分の体験を相対化できる力量，ということになる。だからこそ，第1節で述べたように，私たち自身の大切な，学校の良い思い出・良い教師との出会いを，いったんは否定するか，少なくとも判断留保し，原理的に教育はどうあるべきかを考えることが，良い教師になるためには，とても重要な意味をもってくる。

　では，どのようにすれば教育を原理的に探究することができ，自分の体験を相対化しながら子どもたちを理解することができるようになるのだろうか。

2-7 歴史をまなびなおす

　そのためには，まずは，私たちが知っているようで知らないいまの教育をしっかりと知らなければならない。どんなルーツがあったのか，社会のどのような状況に応じて必要となり生まれたのか，かつては意味があったけれどいまは形骸化してしまったものはないか，などふさわしい問いをたてながらまなんでいく。だからこそ，教育原理においては，歴史をひとつずつ確かめていくことが重要になる。

　その際，教育の歴史をただ眺めているだけだと，どうしても，最初に懸念したように，細かな知識をツメコミ式に覚えるだけとなってしまう。大切なのは，ある状況におかれた社会があり，その社会で支配的な思想があり，その思想の影響を受けた人びとの関わる教育が社会の一部として機能する，という関係のなかで教育の歴史を見ていくことである。すると，たとえば科学技術の発展が，私たちの社会も，人間観そのものも大きく変えてきた様子が見てとれる。

　ところで，大学受験を終えたばかりの学生の多くは，歴史を細かな知識の寄せ集めとして記憶している。世界的に見て特殊な日本の大学受験事情は，膨大な量の入試答案の採点を大学に課すがゆえに，マークシート式の入試問題という現状を導いているので，やむをえないことだろう。しかしせっかく大学に学問しに来たのだから，今度はもっと知的に思考してみよう。別に難しいこと

ではない。覚えてきたあの細かな知識が、歴史の大きなうねりのなかでどこに位置するのか、もう一度確認作業をするだけだ。つまり、中世のさまざまな事件はどんな政治の流れのなかで生まれたのか、ルネサンスや産業革命はどんな背景によって生じたのか。そんなふうに、細かな事実から少し距離をとって、それぞれの距離をつなぐ糸を見つけるのだ。

　歴史を近視眼的に眺めるのをやめて、全体の流れとして捉えると、社会変動のひとつひとつだけではなく、人びとのものの感じ方・考え方、判断の仕方の変化が見えてくる。なぜなら、私たちが物事をどう感じ考えるかは、多分に、社会の状況に影響されているからだ。ルネサンスを通じて、人びとはなにを考えるようになったのだろう。その思考がさらにどのように変化することで、19世紀に至ったときに、公教育すなわち、すべての人びとの教育に国が責任をもつしくみが必要だ、と支配階級も庶民階級も考えるような社会が生みだされたのだろう[4]。

　すると、少し遠くから歴史を眺めてきた歩みの先には、子どもって、おとなって、一体どんな存在なのかを考えてみる必要が出てくる。しかも今度は、しっかりにじり寄って考える必要がある。たとえば、私たちの（多分）多くは、子どもが子どもらしい時間を過ごせることを良しとしているし、それぞれの個性が健やかに伸ばされることを願っている。でもそういう「子ども観」って、どこから生まれてきたのだろう。そのルーツを探ると、私たちの子ども観は、もう少し深まる。

　本書では、このようなもくろみのもと、公教育の成立の前後の社会の状況を歴史的に概観する作業を、まず行なっている。特にそこで、人びとがどのように暮らしたのか、なにを考え、なにを望んだのか、その望みは、まなびたいという欲求や要求とどうかかわっていたのかを、検討する。そのうえで、そうした望みの反映として、教育という営みはそれぞれの時代においてどのように実現していたのか／していなかったのかを考える。

　そのさいに、西欧における公教育成立のプロセスと、日本における公教育成立の歴史のプロセスとを、ひとまず分けて考える。前者は第1・2章で、後者は第3・4章で取りあげている。分けている理由は、読めばわかるだろうが、単に場所が違うからではない。日本の公教育成立のプロセスは、多くの点で、欧米諸国、特に西欧の教育の歴史をふまえなければ、理解できないからだ。

そしてまた，欧米諸国と日本の公教育成立の歴史の重なりと違いとは，歴史ではなく，いままさに起きている教育問題，さらにはこれから私たちが直面していく教育問題がなんなのか，それらは原理的にはどう考えるべきなのかを指し示してくる。第5章では，教育のこれからの課題について考えたい。

2-8 当事者意識をもつ

　さて，このようにして教育を原理し，自分を相対化していく力量を備えていくときに，実はもうひとつ，欠かせない点がある。それが，本節の途中でちらりとでてきた，当事者意識をもつことなのだ。

　相対化というトレーニングは，私たちを知的に磨いてくれる。しかしながら，そこには落とし穴もある。自分の立場や価値観にしがみつくのではなく，そこから距離をおいて自分自身をしっかりと眺めることは，なんだか「賢そう」に見える。議論していても，自分の意見を主張するというより，もうひとつ上の（メタの）次元から物事を眺めることができる。けれど，相対化することばかりに慣れていくと，自分の意見をひとまず留保することに慣れて，やがて，自分の意見や経験を棚上げする危険性にもつながってしまう。

　自分の意見を棚上げしているかぎり，私たちは傷つかない。なにを言われても，それは他ならぬ私自身の大切な意見ではないから，大切なことは棚の上にこっそりとしまっているから，筋違いのところで批判を受けているだけだ。そして，こうしたことが続いていくと，私たちは，ともすれば，教育にまつわるさまざまな問題に対して，その当事者たちが抱えている痛みや辛さやあるいは喜びを，個人的で主観的で些細な感情と切り捨てて，評論家気取りで語る人間になってしまいかねない。

　これまで述べてきたように，私たちは，教育について，自分について，その時代の社会背景の影響を強く受けながら，自分自身にしかない感じ方，考え方を有している。私たちが望もうと望まざると，それは免れえない。ということは，私たちは，自分の感じ考えていることに責任があるのだ。責任があるからこそ，論破されれば傷つくし，悔しいし，その批判を乗りこえようとしてみせる。他方，あいまいな態度表明をしていれば，傷つくことはないけれど，責任の回避になってしまう。

　ところが残念なことに，どんなに責任を回避してみても，責任は私たちに降

りかかってくる。私たちは意識しなくても，この立場を自ら選び，それを担わ
ざるをえない。今日の教育的課題は，いま私たちの責任によってつくりだされ
ているし，私たちの責任において乗りこえられるべきものである。現に私たち
は，たとえばイジメ事件に遭遇したときに，あるいはニュースでイジメに関す
る報道を目にしたときに，それに対して，たち向かうという仕方で，黙殺する
という仕方で，やれやれ大変だね，辛いね，でも自分には関係のないことだと
呟くという仕方で，自らの態度を表明してしまっているし，そのことによって
これからのイジメ問題を方向づけてしまっている。教育の問題は，逃れようも
なく，私たちが当事者となっている問題である。

　だから私たちには，相対化しながらも，常にそれは当事者としての自分自身
に関わる問題だという意識をもち続けるという，二重の営みが求められる。こ
れは，タフな要求だ。けれど，これを抜きにすると，どんなに立派な理論構築
も意味がない。だから本書は，当事者として教育にどう関わるのかをみなさん
とともに探究する，その端緒である，と筆者は考えている。

　　1）これは宇佐美（2005）の，「価値のこととみえる問題を事実の問題に置き換えて
　　　考えさせる。（……）その問題にかかわる事実を具体的に認識させる」という指
　　　摘に倣った。
　　2）データベース作成（SPSS Version 17.0）にあたっては，「教育実習成績報告表」に
　　　掲載された諸情報のうち，氏名，学籍番号，実習校名，校長名，指導担当教員
　　　名など個人情報はすべて除いた。
　　3）産業革命とは何だったのか？　これについては第1章の57〜59ページ，および
　　　第2章第2節を参照のこと。
　　4）「公教育」の詳しい説明は第2章の62ページ参照。

第1章

古代から近代までの変化と公教育の不在

第1節　歴史をざっくりつかむコツ

　本章，および次章では，これから「教育を原理的に探究する」うえでどうしても必要になる世界の歴史について述べる。歴史の教科書ではないので，ここでの話は入試や教職教養試験に直接役だつものではない。しかし，私たちが受験勉強のなかでコマ切れに覚えてきた事件や地名や言葉の背景で，人びとはどんな感じ方・考え方をしながらどんな日常生活を送っていたのか，イメージできるようになりたい。教育とは，そうした日常生活や社会のなかで必要とされ生まれてきたものだからだ。

　まず確認しておきたいのは，世界の歴史は，大まかに，古代，中世，近代，現代，の四つに区分されるということだ。ところで，なんのためにこのように区分するのだろうか。なにも，長すぎる歴史を理解しやすくするために工夫されただけではない。古代，中世，近代，現代の区分は，それぞれ，社会を支える仕組みや，人びとの生活，思考スタイルの違いを表してもいるのだ。

　それでは，古代，中世，近代，現代はそれぞれいつからいつまでで，大まかにいってどのような時代だといえるだろうか。次の表 1–1 で，大きな流れを確認してほしい。

　古代と呼ばれるのは，歴史が始まってから 5 世紀中盤までの約 3500 年間（長い！），中世と呼ばれるのは，5 世紀終盤から 14 世紀中盤までの約 1000 年間をさす。近代とは，14 世紀終盤から 19 世紀中盤までをさし（約 450 年），現代はそのあと，現在までの 150 年間ぐらいである。ただし，いつの時代を現代と呼

ぶのかはとても難しい。「現代」は，時間の経過とともにどんどん後ろにひっぱられてしまうからだ。というわけで，ここでは19世紀終盤からを現代と呼ぶことにするが，これはあくまでもひとつの考え方だと思ってかまわない。第二次世界大戦後からの時代を「現代」と分けることもある。

　全体の流れを確認したので，次に，それぞれの時代の特徴を簡単にあげておこう。

　古代は，人びとが模索しながら「国」をつくりあげていく時代だ。「古代」とひとくくりにしてしまうのは本来は不適切で，この時代は実際には膨大な歴史的厚みがあり，その実態も多様だ。が，差し当たって教育を原理的に探究するために押さえておきたいのは，古代ギリシア，および古代ローマの時代だ。そこでは，人びとが格闘しながら民主政という仕組みをつくりだし，やがて帝政へと飲みこまれていった。この時代，戦争の勝者がすなわち善であり，負ければ奴隷になるのも致し方ないという，力による政治が明示されていた（もちろん弱肉強食，勝ったもの勝ちという国家同士の関係は現在だって否定しきれないが，現代の私たちは人権への配慮もせざるをえないために，オブラートに包まれている。当時は弱肉強食が当然のものと受けいれられており，そのような考え方の違いも本書では学んでほしい）。

　中世は，キリスト教盛衰の歴史だと考えればわかりやすい。1世紀（まだ古代だ）に生まれたこの小さな宗教は，4世紀ごろには西ヨーロッパで最も多くの人びとに信じられるようになった。中世に入ると，キリスト教は，単なる宗教ではなく，政治的権威をも備えるようになる。たとえば修道院は，単なる聖職者の修行の場ではなく，同時にその地方を治める領主であり，庶民や農民，農

表 1-1　西洋（西ヨーロッパを中心に）の大まかな流れ

時代区分	古代	中世	近代	現代
年代	〜5世紀中盤	5世紀終盤〜 14世紀中盤	14世紀終盤〜 19世紀中盤	19世紀終盤 〜現在
特徴	原始的王国・帝国の成立	キリスト教 中心社会	権力の世俗化と 近代国家の成立	帝国主義の発展と 福祉国家の形成
中心的国家	古代ギリシア 古代ローマ	フランク王国 神聖ローマ帝国	フランス イギリス	イギリス アメリカ

奴の生産物で生活しており，行政や裁判をつかさどった。なぜ修道院にそのような力があったかというと，みんながキリスト教を信じていたからだ。国王が命令してもみんな必ずしも従うわけではないが，修道院（やキリスト教の偉い人，そのトップがローマ教皇）がなにか「お触れ」を出せばみんなそれを信じて従った。だから，キリスト教は人びとを駆りたてて戦争することだってできた[1]。そのキリスト教が少しずつ人びとを支配していった時代から始まり，最も支配力の強かった時代を経て，新たな勢力（国王や富裕商人）によって少しずつ権威を失っていくまでが，中世だ。

近代は複雑な時代だが，資本主義経済と市民社会の始まりをゴールとして捉えることができる。ただし，そのゴールに到達するまでに政治形態はめまぐるしく変化するので，混乱しないように，概要をつかもう。近代の始まりは，次の三つに着目したい。ルネサンス，大航海時代，そして宗教革命。これらが相互に絡みあいつつ14世紀から徐々に起こる。地球はまるいことを証明した大航海時代をとおして，キリスト教がそれまで唱えていた天動説が嘘だったことがみんなにバレてしまった。なんだ，教会は間違っていたんじゃないか，と思った人びとの力で，宗教革命が起きる。それまで一番権威のあったキリスト教で革命が起きてしまうのだ。そのあとには，それまでとはまったく違う権力が成立する。ではキリスト教に代わって権力をもったのはなにか。それまで部分的な権力でしかなかった王権だ。近代に入ると，王様の権力が強くなり「国王」には誰も逆らえなくなる。いわゆる絶対王政の時代に突入していく。このことは，ただ単に権力の移行を意味するだけではなく，ヨーロッパ社会に，現代にまで続く明確な「国家」の概念が生まれたことをも意味している。

近代から現代へと時代が移り変わる最大の要因は，近代の中期に起きた産業革命だ。産業革命とは，技術に関しては，生産工程において，人間の筋力よりも，蒸気や電気などの動力を用いるようになるという変化である。さらに，労資関係や働き方，暮らし方といった意味での産業の変化をも指す。近代の初めから，人口が増えたり，イスラム教の影響があったり，ルネサンス以降の科学技術の発達があったりして，徐々に，徐々に，産業革命が生じる下地は形成されていた。それが18世紀のイギリスでついに現実のものとなる。機械で大量生産し，大部分を人間の筋力ではなく動力を用いることによって人間が一度に生み出せる生産量は飛躍的に高くなり，人びとの生活スタイルや人生の可能性

はまったく違うものになっていく。こうした産業の発展は，国王の権力をさらに後押しする。しかしそれと同時に，それまでは圧倒的に貧しかった下層の人びと（のうちの最も恵まれた層）の生活もほんの少し豊かにしていく。やがて，この少し豊かになった階層の人びとがブルジョアジー（稼いだお金を貯めて貿易や工場などに投資した人びと）として強くなっていき，市民革命として結実する。

　では，市民革命が起きて，権力を欲しいがままにしていた国王は追放され，平等な社会が生まれたかというと，そうはならなかった。国王の追放された国（フランス）もあれば国王が残った国（イギリスなど）もある。というのも，産業革命の時期は国によってばらつきがあり，結果として商工業の発展の度合も国ごとに差が出たからだ。だからこそ，それぞれ国内で完全に平等な社会を実現させるよりも先に，国同士が互いに競争意識をもった。ここで各国は，国外侵出にうって出ることになる。大量生産された商品はもはや国内ではさばききれない。ならば，と各国が世界に侵出していったのだ。企業が外国へと進出していく現代のグローバル化は，この時代には，国家が戦争で植民地を獲得し新たな市場をぶんどってくる，というあからさまなかたちで進んでいく。これが，「帝国主義」という現代の幕開けである。

　帝国主義の展開する現代は，国家間戦争の時代だ。帝国主義は植民地をうばってきては，そこで労働力や安価な原材料や高価な商品の市場をどんどん開拓していく。拡大へと向かうエネルギーのなかで，二度の世界大戦が起こり，冷戦が起こる。この拡大と同時に，世界を席巻し始めた主要な各国で，自国の最貧層の人びとへも注意をはらう余裕がでてくる。貧しい人びとは手を差しのべられるべき者と考えられ（福祉国家の成立），富める者＝善，貧しき者＝悪，という図式は通用しなくなる。私たちにとっていま当たり前のこうした考え方に人類が到達するのに，なんと5000年近い時間がかかったのだ。

　ここまで，歴史を四分割し，その大まかなイメージを探ってみた。つぎに，それぞれの時代についてもう少し詳しく見てみたい。時代ごとに，大まかな目安となる年表を示すので，記憶をたぐる手がかりとしてほしい。そして，そこで人びとはどのような社会を形成し，どんなことを考えていたのか，思い描いてみよう。

第2節　古代：政治・学問・教育の始まり

2-1 古代に起きた出来事と有名人物

　まず古代は，ギリシアとローマに焦点をあてて，人びと（成人男性）が政治の仕組みを模索しつつつくりあげていく当時の生活を考えてみよう。表1–2に示すのは，古代のギリシア，ローマ，その他の地域の大まかな出来事である。

　ギリシアとローマは，混乱しやすいが，時代も性質も異なった文化だ。ざっくり見ておくと，次のような違いがある。歴史の流れとしては，ギリシアの文化の方が先に隆盛を誇り，その後古代ローマ文化が栄える。ギリシアの文化は，まず貴族たちが支配階層として君臨し，そこから民主化されていく，というきわめて早い時期に民主政の成立を見たところに特徴がある。ちなみに民主化というのは，その中身はギリシアと違うとはいえ，日本でいえば，大正時代や第二次世界大戦のあとになってやっと意識された言葉だ。

表1-2　古代の略年表（ギリシア・ローマを中心に）

出来事			有名人物
ギリシア	ローマ	その他の地域	
前3000ごろ エーゲ文明おこる		前3000ごろ エジプトに古代王国成立 前1600ごろ 殷建国	
前800ごろ 都市国家が成立（貴族政）	前800ごろ ローマ建国		
前500ごろ アテネ民主政の確立	前500ごろ 共和政成立		イソップ
前450ごろ ギリシア時代最盛期			ソクラテス プラトン
前380ごろ マケドニア王国によるギリシア地方支配			アレキサンダー大王
	前27 古代ローマ帝国成立（共和政の廃止）		ジュリアス・シーザー
	30ごろ キリスト教の始まり		クレオパトラ イエス
	313 キリスト教公認		暴君ネロ
	375 ゲルマン民族大移動		

一方，ローマは逆の順序をたどる。初期的な貴族政のあと，まず民主的な社会である共和政ローマが生まれ，なんと 400 年以上もこれが続く。ところが，ティベル川のほとりの小さな国家だったローマは，ギリシアと違って，ヨーロッパ，トルコ，北アフリカをも支配する巨大国家に発展する。このように国が大きくなるにつれて，みんなで意見を言いあってなにかを決めていきましょう，という民主的な政治では身動きがとれなくなり，英雄を頭にいだく帝政へと変化していかざるをえなくなる。

2-2 古代の社会階級

　さて，古代を理解するためにはまずなによりも，これらが奴隷制度のうえにのっかった社会だということをふまえておくことだ。

　ギリシア，ローマとそれぞれ仕組みは多少違い，時代によって王様がいたりいなかったりする。ただし，少なくとも基本的には貴族階級とも呼ぶべき特権階級があり，共和政の時代には，王一人の独断ではなく，みんなで話しあって物事を決めようという気風があった。ようするに王とは絶対的な存在ではなかった。特権階級の下には一般市民（平民）がいて，そのなかには裕福な者もいれば，無産市民という財産をもたない貧しい市民もいた。しかし大事なのは，彼らはみんな参政権をもっていたということだ。

　他方，こうした人びとよりはるかに多く，（諸説あるが）全人口の半数をしめたのは，平民の下に位置した奴隷である。奴隷と平民は根本的に違う。この違いは，貴族と平民の違いよりもはるかに大きなへだたりだ。奴隷は参政権がないどころか，貴族の「所有物」である。市民と同じ一個の人間として認められていなかった。奴隷になるのは，戦争に負けた人びとやその子孫，あるいはローマ市民の捨て子もいたという。

　裕福な貴族は，奴隷を何人も使っていた。古代ローマ帝国を舞台にした小説『クオ・ワディス』には，二人の貴族（ウィニキウスとペトロニウス）が風呂から上がって服を着る，次のような場面がある。

　　だが香油室へ行くと，ウィニキウスはべつのものに気を取られた。ほかでもない，そこで湯上がりの人びとの世話をするすばらしくうつくしい女奴隷たちである。そのうちふたりは黒人で，りっぱな黒檀の彫像に似ていた

が，そのふたりが彼らのからだに上等のアラビア香油を塗りはじめた。また髪を梳くことの上手なプリュギアの女たちは蛇のように柔らかくてよくしなう両手に，櫛と鋼をみがいて作った鏡を持ち，女神と見まがうばかりのコス生まれのふたりのギリシア娘は襞つけ師で，主人たちの外衣に，彫刻にあるような襞をつける順番がまわってくるのを待っていた。

「雲を集めるゼウスに誓って！」マルクス・ウィニキウスは言った。「じつによく吟味してありますね！」

「数よりは吟味が大事だからな」ペトロニウスが答えた。「ローマに置いてあるおれの《家の子》[2]は全部で四百人足らずだ。自分だけの用にそれ以上の頭数が要ると思うのは成り上がり者ばかりだろうよ」

（Sienkiewicz 1896/1995, pp. 19-20）

　たかが湯上がりあとの服を着るのに，香油を塗る奴隷が 2 人，髪を梳く奴隷，服にきれいな襞をつける奴隷……しかもその女たちの容貌を吟味したとペトロニウスは自慢し，奴隷は 400 人以下だ，たくさんほしがるのは成金趣味だ，といばるのだ。

　ところで私たちは，「奴隷」と聞くと，アフリカから強制移住させられた人びとの金鉱での搾取など，非人道的でゆるすべからざる扱いとして受けとめる。しかし当時の人びとには，そうした人権的な発想は基本的にはなかった。戦争に負けたのだから，親がいないのだから，誰かの所有物になることは必然であり，不運な出来事かもしれないが，ゆるされざる非人道的な出来事ではなかった。優れた支配階級は，奴隷をあわれむ人権意識のもち主ではなく，奴隷をたくさん使える力量のもち主だと考えられていた。貴族たちのなかには，自分の所有物として奴隷を大切にし，彼らの能力を生かすというかたちで有効活用した者もいた。人の上にたつ者と，支配下におかれる者はどうしても分かれるのであり，上にたつ者の力量は，支配下におく者の生活をいかに支えられるかではかられていた，といってもよい。

2-3　古代の文化

　さて，この時代には，驚くほど豊かな文化の発展があり，哲学的思索の深まりや科学的発展が見られる。なにせ，15 世紀になって人びとが「ルネサンス」

といって復興しようとしたのは，1000年以上も昔の，この時代の豊かな文化なのだ。その発展の度合が伝わるというものだ。けれど，そんな文化の発展が可能だったのは，日常の基本的な労働を奴隷がやってくれていたからであり，教養ある貴族階級はヒマだったからなのだ。

　では，当時の文化がいかに発展していたかを確認しておこう。

　たとえばギリシア時代に発見された，ピタゴラスの定理。これは，三平方の定理として，中学校の数学でいまもなお私たちが学習する内容だ。アルキメデスの原理，これも中学の理科で習う。このように，現代の学問の礎となっている難しい真理がこの時代にはもう発見されている。文学でいえば，ギリシア神話はいまもなお，芸術の原点となってさまざまな芸術家のインスピレーションをかきたてているし，三大悲劇詩人などの優れた芸術家も輩出した。文学的な価値は時代とともに変化するので物理学的な発見とは比較しがたいが，理系，文系両方の点で，ギリシアは目覚ましい発展を遂げたのだ。

　これに比べると，ローマ文化は，実学的な発展の方が目だつ。たとえば古代ローマでは，公衆浴場が有名である。各地に立派な温泉施設がつくられ，その内容は，カフェや図書館，ジム，レストランなどのそろった複合施設だったようだ（写真1-1）。いまなら東京ドーム横のスパ，ラクーアのようなものだろう。映画『テルマエ・ロマエ』は，当時の公衆浴場を舞台にした物語である。浴場の利用料は非常に安く，しばしば無料で，貴族だけではなく平民たちも利用し

写真1-1　古代ローマ時代の公衆浴場（イングランド，バース）Photo by DAVID ILIFF (Wikipedia)

写真1-2　ローマの水道橋
Wikipedia, Public domain

た。また，ローマは，上下水道設備がすでに整っていたことでも有名だ（写真1–2）。

　ここで，当時の社会について考えてみよう。写真のような見事な水道設備の建設は，なぜ可能になったのか。ひとつは，ギリシア文明から受け継がれてきたたしかな数理学的な知恵と建造技術のおかげである。けれど，知恵と技術が発展しているだけでは建設はできない。実際にそれをつくる人がいる。そうした労働の担い手でもあったのが，先に述べたように，奴隷階級に属する人びとだ。

　もちろん，当時の社会には，奴隷をたくさん使う貴族だけがいたわけではない。貧しい平民も，ギリシアやローマにはたくさんいた。彼らは，農業や漁業など，第一次産業に従事し，また戦争に備えて軍事訓練を行ない，しばしば，食うや食わずやのぎりぎりの生活に陥った。しかし彼らには，くり返すが，参政権があり，したがって政治をリードしたい貴族たちは，ときに，一般市民のご機嫌とりをしなくてはならなかった。たとえば選挙の前には，貴族が公衆浴場を借り切って無料で市民に開放し，パンをふるまい，見世物（奴隷同士を戦わせるサーカス）をすることで票集めをしていた（パンとサーカス）。つまり市民たちは，参政権というかたちで，支配階層になんらかの影響をもたらすことができた。これに対して，奴隷たちは単なる物と同じ扱いであり，所有物として売り買いされた。

2-4 古代の教育

　さて，このような時代にあって，教育はどのような役割を果たすことになるだろうか。

　まず，どんな人たちが教育を受けていたのかを考えてみたい。教育を受けると，教育を受ける前にはできなかったことができるようになるはずである。ということは，「教育を受けることで可能になること」を必要としている人にこそ，教育は行なわれる。そうでない人には，教育は必要ない。おまけに，教育にはコストがかかる。先生を雇わなくてはならないし，本を買わなくてはならない。それだけでなく，教育を受けているあいだ，その人は農業も家事労働も政治もできない。これは大きなコストだ。だから，そうしたコストをかけてもよいほど，教育を受けることに価値があった人たちだけが，教育を受けたはず

である。

　当然のことだが，奴隷に教育は必要なかった。奴隷の多くは，侵略戦争で奪ってきた外国人，異民族であり，文化も習慣も違う。食事をつくる，土木作業をする，衣服をととのえる，浴場で世話をする。彼らの仕事の多くは，教育を必要としない。しかもさまざまな労働に従事する奴隷たちに，コストをかけてまでわざわざ教育する時間などなかった。

　ちなみに当時の奴隷のなかには，外国の教養人も数多く含まれており，有名なところでは，イソップ童話をつくったイソップは，古代ギリシアで貴族の子どもの登下校を，つまり教育分野を担当する奴隷であった。また前述の『クオ・ワディス』には，医者の奴隷が出てくる。いまならば高度な専門職と目される医者も，当時は奴隷が担っていた。このように当時の奴隷は，みんな同じ扱いではなく，その能力に応じてさまざまなランクがあった。どうやら，一部の知識人は，奴隷となったあとも，その専門性を活かすことはできたようだ。しかし，彼らが奴隷となったあとに，彼らのためにわざわざ教育が施されたのではない。

　では，平民はどうか。すべての市民に教育を施したとして有名なのは，古代ギリシアの都市国家（ポリスのひとつ）スパルタである。厳しい教育をさす「スパルタ教育」の語源となっているこの都市では，戦争に勝つために，子どもたちは７歳になると，寄宿舎に入れられ，厳しく，いまの私たちの常識からすれば教育とは思えない指導を受けていた。たとえば，いかにして物を盗むか，も大事な教育であった。戦争に勝つ，という明確な目標のもとでは，生きのびることこそ善であり，強いことこそ善であった。これは，スパルタにおける子どもたちが，個々の家族の子どもというよりも，スパルタという都市国家全体の子どもとして捉えられていたことを表している。

　最終的にはアテネに滅ぼされるスパルタでの教育は，国家にとって有益な市民を育てる，という観点から見れば，それ以後の教育と共通している。しかし，歴史としては，スパルタの教育は，スパルタの滅亡と同時に消え去り，そのあとの社会に引き継がれてはいない。その後の社会に大きな影響をもたらしたのは，アテネの教育だ。

　アテネは，自由と正義をモットーとした都市国家だ。紀元前４世紀のアテネには，「無知の知」で有名なソクラテス（Socrates: B.C. 469?–B.C. 399）が登場する。

彼は，人びととの対話をとおして，それも「問いかけ－答え－その答えへのさらなる問いかけ」という対話をとおして，物事の本質に迫る「対話法」という教育方法を考えだすなど，現代の教育にも通じる教育理論をもっていた。ただし，ソクラテス自身は本を書いて自分の考えを明らかにしたわけではなく，「悪法もまた法なり」という有名な言葉を残してさっさと牢獄で死んでしまった。

　ソクラテスの考えを受け継ぎ，文字で残し，その後の教育に大きな影響を与えたのは，ソクラテスの弟子，プラトン（Platon: B.C. 427–B.C. 347）という人だ。彼は優れた数学者，哲学者でもあり，さまざまな功績がある。とりわけ，プラトンの教育観を見ると，当時，どのようなものが教育と捉えられていたかがよくわかる。

　プラトンにいわせると，人間に必要な技術（の訓練）には，「機械的技術（artes mechanicae）」と「自由の諸技術（artes liberales）」という二種類がある。機械的技術とは，手工業者や商人のための機械的技術の訓練のことだ。一方，人びとを導き政治をつかさどる人間には，特別な学問が必要である。哲学だ。すべてのことを完全な論理性でもって説明する哲学は，当時の学問の最高位をしめていた。そしてプラトンによれば，哲学をまなぶための準備として，数学の論理性をマスターしておくことが必要なのだ。

　この準備こそが，自由の諸技術だ。具体的には，第一科目：数論と算術（一次元），第二科目：幾何学（二次元），第三科目：立方体（三次元），第四科目：天文学（四次元）となっている。ここで教育内容として示されるのは，一次元から四次元までという，数学的な観点から見た世界の秩序そのものである。最高位の学問，哲学をまなぶためには，このように，世界の秩序そのものをまず理解しておかなければならないと考えられていた。

　このような考えからもわかるように，古代の教育は，生活に役だつとか生きる力をつけるというものではなく，政治をつかさどる一部の人たちにしか必要のないものだった。そして教育を受ける時間的，コスト的余裕があるのもまた，支配階級に属する一部の人びとと，エリートたちだけであった。国家を正しく導き支配する者のために，教育はあったのだ。だからこそ，そこでは，世界の秩序が理解され，より良い世界とはなにかを問う哲学がまなばれなければならなかった。そして，エリート以外の人びとが教育を受けるという期待も希望もなかった。

だからといって，当時の教育を，差別的だと一概に否定するのも，福祉国家形成後の現代に生きる私たちからの一面的な見方にすぎない。少なくとも当時の人びとの暮らしには，教育機会の均等といったことを考えるだけの余裕はなく，そんなことよりも，国として栄え，人びとが生きのびていくことが優先された。みんなで平等に生きて共倒れするよりも，優れた指導者によって国家が適切に治められることの方に価値があった。

　一部のエリート（ギリシアの貴族やローマ帝国の皇帝や地方を治める総督たち）は，それゆえ，市民や奴隷が反乱を起こしたりしないようにするということも含めて，自分の支配下にある人びとが安定して暮らせる治世を目指した。だから，優れたエリートは，自分の所有物である奴隷を大切にしたし，市民から慕われた。当時の常識からすれば，これは，エリートにとっても奴隷にとっても互いに良いことなのだった。

　プラトンの考えだした自由の諸技術は，やがて少しずつ形を変え，リベラル・アーツとして確立していく。その変化の過程で，四科目どころか，周辺の教育内容も付随していき，リベラル・アーツは「自由人（支配階級）の諸技術」として理解されるようになる。さらにこの自由の諸技術（リベラル・アーツ）は，古代が終わり中世の始まる5世紀終盤には，自由七科（septem artes liberales）として定着していった。リベラル・アーツという言葉を大学に入ってから耳にする人もいるだろう。なぜ専門科目より先に「一般教養＝リベラル・アーツ」を学ぶのかは，プラトンにまでさかのぼると，単なる教養を身につけること以上の理由があるとわかる。高次の学問を遂行するために，まず，世界の秩序そのものの見とりがそこでは目指されるのだ。

第3節　中世：キリスト教に覆われた社会

3-1 中世の流れと教会権威の隆盛

　さて次に，5世紀終盤を始まりとする中世という時代を捉えておきたい。中世の西ヨーロッパは，隆盛を誇るキリスト教とフランク王国（のちの神聖ローマ帝国）という国の関係をおさえておくとよくわかる。

　まず，中世の略年表を確認してほしい（表1–3）。キリスト教の流れを確認するために，古代の後半から掲載する。

年表にあるように，西ローマ帝国の滅亡をもって中世の始まりとする区切り方が一般的だ。ローマ帝国が東西分裂した（395）のち，その約100年後に西ローマ帝国が滅ぶのは，375年のゲルマン民族大移動に端を発する。そもそもローマ帝国はラテン民族のつくった国で，ラテン語はその後もヨーロッパ社会の文化面を支配する言語であり続けた。ところが，ローマ帝国支配下の広大な西ヨーロッパには，気候変動などによって，それまでは北・東ヨーロッパに住んでいたゲルマン人が大量に移動してきた。当然のことながら，ローマ帝国の支配力も変わっていく。この影響を受けて，当時西ヨーロッパを支配していた西ローマ帝国は476年に滅亡し，新たな国家勢力図ができあがる。

　ここで，その後の勢力争いと切っても切れないものとして，キリスト教について少し丁寧に見ておこう。キリスト教は古代ローマの時代，ナザレ（現在のイスラエル北部）のイエスが，人類の平等や神の愛を説き，形式主義に陥っていた当時のユダヤ教を批判したところから始まる。ユダヤ教はもともと選民思想（自民族だけが神に選ばれていて救われるという考え）だから，ユダヤ人だろうがなんだろうが神はすべての人類を救う，というイエスの教えは危険思想だっ

表1-3　中世（西ヨーロッパを中心に）の略年表

出来事(西ヨーロッパ)	キリスト教世界	その他の世界	有名人物
	30 キリスト教の始まり 313 ローマ帝国がキリスト教を公認		イエス 暴君ネロ
375 ゲルマン民族大移動の始まり 395 ローマ帝国東西分裂 476 西ローマ帝国滅亡　◁ 中世の始まり 481 フランク王国成立	380 ローマ帝国がキリスト教を国教化		
	529 モンテ・カシノ修道院設立	610 イスラム世界の始まり 750 イスラム帝国成立	ムハンマド
800 カール戴冠 962 神聖ローマ帝国成立 1096 第1回十字軍（十字軍は第7回の1270年まで）	1077 カノッサの屈辱		カール大帝
1339–1453 英仏百年戦争	1309 教皇のバビロン捕囚		ジャンヌ・ダルク

た。一方で，貧しい人びと，ローマ帝国やその下の国王たちの圧政に苦しむ人びとにとっては，救いとなった。イエスは処刑されるが，その弟子たちによってキリスト教はあっという間に広がる。ローマ皇帝たちは，なんとかしてこれを弾圧しようとする。しかし，やがてあまりに強い勢力となりすぎたキリスト教と敵対するよりも，むしろ受けいれた方が得策だ，と悟ったローマ帝国は，313年にミラノ勅令をだしてキリスト教を公認し，さらに380年には，ローマ帝国の国教として認定した。

　この時点で，1世紀の原始キリスト教の発生から，すでに350年以上の時間が経っている。350年以上というのは，たとえば日本でいえば，徳川幕府がひらかれてから第二次世界大戦が終わるまでの時間をさす。膨大な時間が流れているのだ。当然のことながら，キリスト教は，この350年のあいだに徐々に巨大な組織をつくりあげていった。また，地域的な広がりを見せるにつれて，それまでその地域を支配していた宗教との混在も見られた（日本の現在のキリスト教でも，仏壇に十字架が置いてある，なんて風景は結構ある。先祖代々信仰してきた仏教信仰に，「あ，キリスト教も結構いいな」と取りいれて，ちょっとしたアレンジが加わるのだ）。

　そんな紆余曲折を経てキリスト教は，考え方の違いなどによるお家騒動をくり返しながら，「これが正統なキリスト教です」というものを探していった。それが現在のローマ・カトリック教会だ。たとえば，イエスという人物は，カトリック教会では，神の子であり，いわゆる世俗的な人間ではないとされているが，当時のキリスト教のなかには，いくらなんでも死んだ人間がよみがえるなんて眉唾ものだろう，イエスっていうのはやっぱり普通の人間なんだ，という考え方だってあった。こうした議論が，中世学問の最高位をしめる神学の始まりでもあった。

　さて，350年かけてこのように広まってきたキリスト教は，ゲルマン民族が大移動してきたときには，西ヨーロッパ全土で信仰されていた。ところで，自分たちの住んでいる地域に突然見知らぬ人びとが入ってきたら，私たちはどう感じるだろうか。文化や生活習慣の違いは，しばしば，相互にストレスフルな状況を生みだす。ところがゲルマン民族は，キリスト教を信仰している西ヨーロッパ地域に入ってくるとすぐに，自分たちもキリスト教に改宗した。郷に入れば郷に従え，である。実際にはもちろん戦闘的な場面もあったのだが，こう

した文化的同化により，ゲルマン民族はあっという間に西ヨーロッパ社会に安定的に居住できるようになった。その意味で彼らはとても柔軟だった。だから，中世社会が成立したときには，人びとは，新しいゲルマン人も，もともと住んでいた人たちも，キリスト教を信仰するという共通点をもっていることになった。

　年表にあるように，5世紀の西ヨーロッパ世界の政治は，西ローマ帝国の滅亡とフランク王国の成立という新たな局面にぶつかっている。ただしこの時代は，国王には絶対的な力はなかった。当時の社会は，国王と領主とが，あるいは領主とさらにその下の領主が相互契約を交わす，封建制であった。この領主には，ローマ教皇をトップとする修道院や教会も含まれていた。こうした契約関係は，つまり，国王をトップにした一直線上の明確な上下関係というよりも，それぞれ相互の（それゆえある意味で対等な）契約関係であった（41ページ）。そうした関係をぶちぬいて，人びとに圧倒的な影響力をもっていたのがキリスト教信仰であり，また，数百年のうちに形成されたキリスト教会のヒエラルキー（ピラミッド型の上下関係）であった。

　歴史の学習としては先取りになるが，フランス革命を勉強したときに，第一身分（聖職者）と第二身分（貴族），そして第三身分（平民）というものを習っただろう。フランス革命の起きた18世紀終盤に至るまで，身分の最上位は，国王ではなく，聖職者なのである。ちなみに国王は，中世においては貴族の一人として考えられている（図1-1）。

　現代の常識では，宗教のトップが国王より偉いというのは，想像しにくい。

図1-1
アンシャン・レジーム期の風刺画
（Wikipedia, Public domain）

日本では神道の神様が天皇と同一視されたり，聖徳太子の時代には神道と仏教の融合を図ることで統治がスムーズになった，といった歴史はあるけれど，宗教のトップの方が天皇や将軍より偉いという時代ではなかった。しかし，支配というのは，形式よりもむしろ実力が重要だ。中世ヨーロッパにおいて国王は，諸侯（領主）との契約関係を結んでおり，その契約の範囲内の権力しかもっていなかった。それに対してキリスト教は，神とすべての人びととの直接契約を約束しており，そのことが圧倒的な権威の源泉となった。

このことを象徴的に示すのが，1077年に起きたカノッサの屈辱である。これは，カトリックの教皇とローマ皇帝が，聖職叙任権という権利をめぐってどちらが偉いかを争った結果，教皇が勝った，という出来事である。この二人が対立したとき，まわりの有力な貴族たちはこぞって教皇の味方をした。つまり，教皇の方が国王よりも権威があったのだ。

さて，栄枯盛衰というか，キリスト教の権勢はいつまでも続くわけではない。カトリック教会が最盛期を迎えるのは13世紀，アジアではモンゴル民族が強大な帝国をつくり，日本は鎌倉時代，元寇のころだ。絶頂期はまた，下降の始まりでもある。そこにはさまざまな要因があるが，キリスト教の権力没落に決定的なのは，7世紀に起こり急速に勢力を伸ばしていたイスラム教とのあいだで，十字軍遠征という戦争を起こしたことである。もともとキリスト教とイスラム教は，どちらも，エルサレムという都市を聖地としている宗教だ。その聖地を自分たちの支配下におこうとして，この戦争は起きた。

しかしその背景には，宗教以外の理由もたくさんあった。当時の西ヨーロッパは，比較的安定した政治状況を迎えていた。すると，後述するように，がんらい盛んだった農業が順調な生産をあげるようになった。食べ物が増えるのだから，人口が増える。余剰生産物も増える。こうした人間や生産物の行き場を求めるべく，十字軍が始まったのである。

しかし戦争は，勝利して財産や領地が増える場合を除けば，膨大な軍事費を浪費しマイナスにしかならない。なによりも，人びとが大勢死ぬ。十字軍というイスラム教徒との戦いをとおして，キリスト教は，戦争に大敗したわけではないにしろ，得るものがほとんどなく，結局は自らの首を絞めるかたちで，徐々に力を失っていく。

3-2 中世の社会構造とその変化

　3-1 で述べたように，中世の社会では，その全体を，キリスト教会のヒエラルキーが覆っていた。ここで，このキリスト教以外の当時の社会構造を確認しておこう。大まかにいうと，王や貴族（支配階級），農民，農奴の三つに身分は分けられる。王と貴族，すなわち諸侯は，相互の契約で結ばれていた。王や諸侯は荘園をもって領主となり，その荘園では，農民や農奴が働いていた（先取りしておくと，時代が下るにつれて，このような単純なヒエラルキーではなくなってしまう。近代以降の階級・階層の変化は歴史を捉えるキーになるので，要注意）。

　ただし，先に簡単に述べたように，王から農奴への一直線のヒエラルキーがあったわけではない。というのも，どうやら当時の契約関係というのは，かなりいい加減なものだったからだ。たとえば王様 A は，領主 B と契約を交わす。B は土地をもらう代わりに，いざ戦争になったら王様を助けに行きますよ，という契約である。ところがこの B は，自分よりちょっと力の弱い領主 C とも契約を結んでいる。B が困ったら C が助けるという契約である。すると C は，B のためになら騎士道精神を発揮してがんばるけれど，別に王様 A のためにがんばる義務は必ずしもないのだ。

　こういう状態だから，王の権力はあまり強くはない。たしかに領主のなかで最も力が強かったが，領主たちの一人でしかなかったのだ。それどころか，こんな例だって結構あった。領主 B が，自分よりもっと強い領主 D とも契約を結ぶのだ。では王様 A と領主 D が戦争を始めたら，領主 B はどっちを助けに行くのだろう。矛盾している。

　いまの社会ならばもちろんこれは契約違反だ。バレると大問題になる。なぜ当時そんなことが可能だったのか。それは，移動や通信手段の乏しかった時代だからだ。ちょっと隣の領主の所に行くにも，馬に乗って何日も移動しなくてはならない。そんな面倒なことは，よほどのことがないかぎりやらない。だから，お互いがなにをやりどんな契約をかわしているのか，領主同士はよく知らない。矛盾した契約をしても，バレることがとても少ないのだ。このような社会だから，大きな戦争でも起きないかぎり，領主はそれぞれの領地を治めるだけですんだ。そこでは農奴が農業生産を行なっており，それぞれに自己完結した自給自足経済が成立していた。それらひとつひとつは決して大規模ではなく，小社会がそれぞれの地域に個別に存在していたと思ってよい。

実は，中世も後半になると，こうした社会構造は少しずつ変化をはじめ，近代へと進む地盤ができあがる。先に述べたように，西ヨーロッパは国同士での大きな戦争もなく政治的にかなり安定した時代を迎える。すると，農業生産が安定し，余剰生産物が生まれるようになる。やがて，自分たちの領地で生産された物を食べるだけでなく，余ったものをまわりにあげたり，足りないものをもらったりする，交換の文化が生まれ始める。じゃがいも1キロを小麦何キロと交換したらちょうどよいのか，その共通の指標が必要になる。これが貨幣だ。こんなふうにして，10世紀ごろには貨幣経済が動きだし，やがて西ヨーロッパの商業が発展し始める。

　このような経済生活は，封建社会の西ヨーロッパ全土にも，しだいに浸透してくる。貨幣というのは交換のための道具なので，みんながそれを使ってものを交換するようになればなるほど，重要度を増してくる。やがて，自分の土地で作物を育てさせるよりも，作物やそれ以外のものに交換できる貨幣を獲得する方が，便利になってくる。すると領主たちのなかには，農奴を働かせて作物を得ることをやめ，農民に土地を貸して，地代として貨幣も徴収する者もでてきた。さらには，農民のなかにも，うまくやって小金を貯めこむ者が現れる。

　最下層にあった，対等な人間としては扱われていなかった人びとが，力をつけてくる[3]。他方で，国王と庶民階級のあいだにいた中間層の領主のなかには，貨幣経済への変化に対応しきれずに没落していく者も多かった。こうして徐々にヨーロッパの伝統的な封建制が解体していった。

　以上のような社会構造の変化が，およそ300～400年かけて徐々に進行していく。けれど，こうした変化が生じたとしても，当時の社会が依然として，教会を中心に成立していた，ということは忘れてはならない。

3-3　中世の文化と教育

　では，このような社会において教育はどのような役割を果たしたのだろうか。

　古代においてと同様，中世においても，農奴や農民などの庶民階級には教育は必要がなかったし，教育を受けるヒマも彼らにはなかった。教育を受けるのは，国を正しく治めるべく使命を背負った，一部の支配階級であった。

　しかし，これまで見てきたように，当時の一番の権威は，キリスト教会である。つまり，人びとを支配すべく適切な教育を受ける必要があったのは，領地

を治める諸侯はもちろんのことだが，なによりも，キリスト教会の聖職者たちだった。

中世の教育は，主に，聖職者を養成するための司教学校や修道院で行なわれていた。修道院で暮らす修道士の食べ物は，修道院の領地で農民や農奴が生産していた。修道士たちは，修行の一環として農作業に従事することもあったが，むしろ，聖書を読み，古典の書物を書きうつす，といった知的修行をとおして信仰を深めた。世俗的な権力者であった王や諸侯（貴族階級）の子どもたちの多くも，教会や修道院で教育を受けた。キリスト教に精通しているのが，人びとを治めるうえではとても重要だったからだ。

当時の教育水準は，実は必ずしも高くない。その理由は，大きく分けて三つある。

一つめ，なによりも大きいのは，当時のキリスト教信仰が，神の存在を疑うこと，聖書に疑問をもつことを否定する信仰だからである。学問は本来，問いをもつことから始まる。ところが問うことをゆるされないキリスト教信仰が最大の権威では，学問は発達しづらい。

こうした思想・信条の問題以外にも，学問が発達しなかった要因がある。それは，教会での教育は，聖書を記したラテン語を使う，ということである。これが二つめだ。人びとが日常的に話すのは，それぞれの民族の言葉である。生活しているうちにいやでも覚える話し言葉とは違って，学問に必要となるラテン語は，学校で勉強しなければ覚えられない。つまり，学校に行くチャンスのない人びとにとって，ラテン語で書かれていて読めない書物や学問的な話題は縁遠いものだった。そのため教育水準の底あげができなかったのである。

三つめの理由として，当時の封建社会が，領主を中心とした独立した小社会であったことがあげられる。社会の規模が小さいということは，それだけ，その構造が単純になりがちだということである。かつてプラトンが考えたような，世界の数学的秩序全体を見通す力がなくても，相互の契約関係をきちんと守るだけで，問題なく社会秩序は守られる。そうであるならば，王や領主たちがわざわざ難しい学問をストイックに究める必要はない。聖書の教えをよく覚え，よく守り，また支配下にある人びとにもそれを守らせればすむ話だったのである。ごく一部の修道院や教会でのみ，学問として神学を究めようとする動きがあったにすぎなかった。

さて，中世も終盤になると，こうした教育状況に変化が見られるようになる。その最大のイベントが，11，12世紀の大学の登場だ。いまでもヨーロッパの伝統的大学にはチャペル（礼拝堂）がある。しかしこの表現は正確ではない。もともと初めに教会があり，そこに付属する学校として大学ができたのだ。たとえば「大学のなかに都市がある」といわれるほど大学都市として名高いイギリスのオックスフォードには，たくさんの教会があるが，なかでも有名なのが，映画『ハリーポッター』の撮影に使われた，クライストチャーチである（写真1-3，1-4）。

　大学が生まれるということは，学問同士のヒエラルキーが明確になるということでもある。古代ギリシア・ローマにおいて学問の最高位にあったのは哲学であったが，キリスト教中心の中世では，当然のことながら，そのさらに上位に，神学が位置づけられた。中世の大学は，もともと，より高度な聖職者を養成するために生まれた。神学を修めることが，学問として最も高い位置を獲得することであった。しかし，しだいに拡大しつつあった都市や国家は，これまでよりも高度で複雑な支配のための仕組みを必要としていた。そのため，神学だけでなく，法学や医学などの学問も，大学でまなべるようになっていった。

　ここで，当時の教育の特徴を捉えるために，現代と比較してみよう。私たち

写真1-3　左：オックスフォード大学・クライストチャーチのチャペル（礼拝堂）
写真1-4右：その外観（本章筆者撮影）

は，まず初等教育を受け，中等教育を受け，そして一部の者が高等教育（エリート教育[4]）を受ける社会で生きている。しかし中世には，高等教育機関である大学しか，「学校」が存在しない。ようするにいきなり高等教育からスタートするのだ。ではその高等教育を受けるための基礎的な学力はどこで身につけるのか。多くは，家庭教師をつけての個別指導だ。もちろん教会や修道院が，エリート層の子どもたちに，ラテン語の読み書きや暦の読み方を教えるといった初等教育機能を果たすこともあった。たとえばイギリスの，現代も「グラマースクール」と呼ばれている上流階級の子ども向けの伝統的な学校のなかには，中世にできたものも多い。しかしながらそうはいっても，そこで教えられるのは，初等教育というよりは，高等教育のための準備でしかない。そもそもの学校の意味あいが現代とは大きく異なっていることは，こうした事情からもうかがえる。

　ちなみに，当時の大学は，やはり現代の日本の大学とは異なるシステムを備えており，これがなかなか興味深い。当時の大学では，教授と学生の関係は，国ごとに多少の違いはあるものの，契約に基づく対等性を備えていた。学生たちはギルド（同業者組合）を結成し，教授たちに質の高い授業を要求したり，大学のおかれている都市の市民たちとの生活や学問の場をめぐった交渉では，一致団結したりした。他方，教授たちも教授同士のギルドを結成し，授業料など労働条件の交渉を行なったりした。このような学生と教授との関係，学生と学問との関係は，現代日本の大学でまなぶみなさんには考えがたいことだろう。こうした契約関係の違いもまた，それぞれの社会における高等教育の意味あいの違い，ひいてはそもそもの教育の意味あいの違いを表している。

　以上が，中世の社会と教育の概要である。王様の権力が弱く，国家としての枠組みも弱いこの時代には，キリスト教がなによりも大きな影響力をもっていた。そうした社会では，教育もまた，学問の内容においても学校制度においても，キリスト教を中心に実施されていた。しかし，中世の終盤，貨幣経済の発展や大学の始まりなど，社会は新たな局面を迎える。こうした変化が，ルネサンスをきっかけとした近代へとつながっていく様子を，次節で考察することにしたい。

第4節　近代：公教育成立前夜

4-1 近代の時代性と教育

　近代になると，教育が一部の人びとに独占されていた時代から，「みんなのもの」になる時代へと変わり始める。みんなのものになるということは，「教育を受けているあいだは農業生産や家事労働などができない」というデメリットよりも，「教育を受けることによってできるようになること」のメリットの方が大きい，とみんなが考えるようになったということだ。

　とはいえ，近代になると，「みんなのための教育」が急にスタートするわけではもちろんない。みんなのための教育が可能になるには，時間，お金，校舎，教師，教科書，教具などのコストが，一部の人たちだけの教育だった時代の何十倍も何百倍もかかるということだ。しかも，近代まで教育を独占してきた一部の人たちにとって，その特権がなくなってしまうのは，決して快いことではなかったはずだ。そのような逆境をはねのけて教育がみんなのものになるには，長い時間と，さまざまな社会の変化と，それに基づく人びとの意識の変化があった。

　近代は，本章第1節で述べたように，「資本主義経済と市民社会の始まり」をゴールとする時代だと位置づけられる。しかし，教育の側面に着目してみれば，近代は，教育がみんなのものになるための要因が，表面には見えにくいところで，地下水のように静かに蓄積していった時代である。地下水の一部は，中世末期から徐々に溜まっていき，近代のおよそ450年のあいだに，これ以上溜めきれないところまで溜まっていく。その地下水がいよいよ地表に現れて勢いよく流れ出す。社会はこの溢れる流れを整えなければならないし，またいったん整ったとしても，流れが途絶えないよう，地下水を汲みあげる努力を続けなければならない。それが，近代のあとにやってくる現代という時代なのだ。

　さて，学校教育は，近代終盤から現代までのあいだで非常に複雑な変化を遂げる。この時代の教育は，単に概観するだけでは見えないものを含んでいる。そこで，現代の教育の成立過程については第2章で詳しく考察することにし，本章では予備的な考察にとどめることにする。

4-2 近代の始まりと大まかな流れ

みんなのための教育という地下水が蓄積するべく，近代では，一部のエリートのための教育でしかなかった古代・中世とは比べものにならない速度で，社会が大きく変化する。そのため，本章第 1 節で取りあげた時代に比べると近代はかなり短い期間にもかかわらず，ひとくくりにして断じるのが難しい。こうした事情をふまえ，近代を，近代の初期（中世社会からの移行），近代の中期（市民社会の成立），近代の後期（資本主義経済と国民国家の形成），の三つにひとまず区分してみよう。下の表（表 1-4）で，この区分や，それぞれがいつごろなのかを確認しよう。

少し先取りになるが，この近代の三区分を教育という点からイメージしてみると，近代初期は地下水が沁みこみ始め，近代中期は地下水が溜まり始め，近代後期は地下水がパンパンに満ちて，社会がその対処に手をつけ始めたとき，といえる。

さらに確認しておきたいのは，そもそも近代の始まりと終わりをどことするかは，専門家でも意見の分かれる難しい問題だということだ。本書の見解とは異なり，14 世紀にイタリアで始まるルネサンスを中世に区分する歴史家もいる。ここで示すのはあくまでも便宜的な枠組みだということを再確認してほしい。さらに，近代と現代の区分は 1870 年ごろの帝国主義の発展とすることが一般的だが，近代から現代へと移行する 19 世紀は，両方の時代の性質を備えたあいまいな時期である。そこで本節では，近代中期および後期の前半を取り上げ，次章で近代から現代へと社会が移行する過程を考察する。

以上のことを念頭におきながら，近代の歴史をもう少し詳しく捉えるために，表 1–5 を確認してほしい。これは本節で考察する範囲のもので，近代後期の大

表 1-4　近代の大まかな流れ

14 世紀終盤	15 世紀	16 世紀	17 世紀	18 世紀	19 世紀序盤〜中盤
ルネサンス	大航海時代	宗教革命	絶対王政	産業革命	
				市民社会	自由主義と国民主義
【近代初期】 中世社会からの移行			【近代中期】 市民社会の成立		【近代後期】 資本主義経済と 国民国家の形成

表 1-5　近代の略年表

産業や文化	国家や政治	有名な人物
14世紀 　イタリアでルネサンス 開始		ダンテ
ルネサンスの拡大		ボッティチェリ レオナルド・ダ・ヴィンチ エンリケ航海王子
	1492 アメリカ大陸発見	コロンブス
	1517 95 カ条の要求	ルター
	1543 種子島鉄砲伝来	
	1588 スペイン無敵艦隊の対英敗北	
	1600 イギリス東インド会社設立	
	1640 イギリスで清教徒革命	
	1643 フランス絶対王政	ルイ 14世
	1688 イギリスで名誉革命	クロムウェル
1760年代		アークライト
イギリスで産業革命	1775 アメリカ独立戦争	ワシントン
	1789 フランス革命	マリー・アントワネット
	1804 ナポレオン皇帝即位	
1830年代	1814 ウィーン体制	
フランスで産業革命		
1840年代		
ドイツで産業革命		

部分は次章（表2–2）に載せる。

　細かな出来事や有名人物などを覚える必要はない。みなさんの記憶に断片的に残っている「世界史暗記事項」を，歴史全体の大きな流れにおいて見るための表だ。参考程度にしてほしい。

4-3 近代初期の社会

　ところで中世末期のヨーロッパのすぐ隣では，イスラム教徒がヨーロッパ対岸の北アフリカや，現在のスペイン南部まで支配を広げていた（図1–2）。本章第2節で述べたように，中世ヨーロッパの中心だったキリスト教では，聖書に疑問をもつことがゆるされず，学問は発展しづらかった。他方，イスラム社会では，「錬金術」がはやっていた。錬金術というのは，金ではないものから金をつくり出そうとする技術だ。結果的には，もちろん成功しなかった。しかし，失敗は成功の母である。金をつくろうと模索するなかで，イスラム社会の科学

はとても高度になった。広大な地域を治める彼らは，航海技術も獲得した。そうした技術や科学的・合理的な考え方は，とくに地中海をはさみ，あるいは一部をイスラム世界に支配されていたイベリア半島を通じて，しだいにヨーロッパ社会にも伝わってきた。

　天文学的な知識や合理的な物事の考え方が入ってくるにつれ，人びとは，芸術作品でも人間らしさを表現したいと考えるようになる。これが，レオナルド・ダ・ヴィンチなどで有名な，ルネサンスである。こうした考えはキリスト教を中心とする当時の権威と対立しかねないので，比較的自由な気風の都市にしかゆるされない。当時，国王がおらず，商人がはばを利かせていたイタリアからルネサンスが始まるのは，そうした事情による。その後ルネサンスは，16世紀末までには，アルプス以北の国々へと，南から北に拡大した。

　さて，人文主義（聖書をただ信じるのではなくて，古代ギリシア・ローマで謳歌された人間らしさも大切だとする見方）といわれるルネサンスが拡大したとはいえ，人びとが急にキリスト教離れしたわけではない。たとえば当時の美術作品のほとんどは，あくまで聖書の物語をモチーフにしている。しかし，中世絵画では

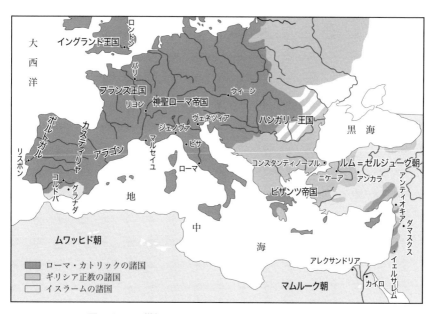

図1-2　13世紀におけるキリスト教諸国とイスラム諸国

ほとんど無表情で描かれたキリストは，ルネサンス期の作品では，ときに悲しみ，ときに怒り，ときに慈愛に満ちた表情を浮かべている。中世の「聖書に書いてあることは疑うべからず」ではなく，聖書の研究を通じて，神とはなにか，人間とはなにかが考えられるようになったのだ。

　こうした変化は，芸術の世界にかぎったことではない。中世末期から始まった貨幣経済社会（42 ページ）の拡大にともない，ヨーロッパ諸国は金を必要としていた。金鉱を求めて，また品物を売る市場を求めて，地中海の外へ彼らは進みたかった。そこで，早い者勝ちとばかりにポルトガルやスペインは，イスラム世界から吸収した天文学的知識，航海術などを頼りに，15 世紀初頭から探検活動を始める。これらの活動は，コロンブスのアメリカ大陸発見，マゼラン一行の世界一周など，16 世紀半ばまで続いた。日本でも，1543 年に種子島にポルトガル人が漂着し，鉄砲が伝来するという出来事が起きたが，これは西ヨーロッパのこうした市場拡大計画の一部だったのだ。

　ルネサンスの人文主義，科学的見方や，大航海時代によってもたらされた新世界は，これまで教会の主張するキリスト教的世界観に大きな痛手を与えた。このことは，当時ヨーロッパで生じた二つの事件とつながりが深い。ひとつは，宗教革命である。宗教革命によって，従来のカトリック教会の権威は大きく下がる。この点が教育に与えた影響は後述する（55–57 ページ）。もうひとつ，社会の仕組みそのものにもたらされた変化が，封建社会の完全な崩壊である。新世界からの新しい物資，とくに金が大量に流入することは，一見すると，人びとの生活を潤すように見える。けれども，このことにより，それまで領地の地代に頼っていた領主のなかには，世界経済へと拡大する貨幣経済への変化に対応しきれずに，生活の糧を失ってしまう者が多くいた（地代に頼っていたのは教会や修道院も同様で，お金を得る手段を獲得しなかった教会は，後に詳しく見るように免罪符を売ることになる）。このようにして，王と庶民のあいだの中間層をしめていた領主の多くが没落し，11 世紀から徐々に始まっていた西ヨーロッパ封建社会の崩壊は，決定的なものとなる。

　後者の出来事は，その後の絶対王政，そしてさらにその後の市民革命という政治的動きへとつながっていく。次にそのあたりの流れを確認しておこう。

4-4 近代中期の社会

　高校世界史教科書の近代中期の説明を見ると，絶対王政，ハプスブルク家，ベルサイユ宮殿など，いかにも近代らしい豪華な宮廷文化を思わせる文字が並んでいる。また，スペインの無敵艦隊，三十年戦争やオランダ独立戦争，ウェストファリア条約など，血みどろの戦争の時代であることもわかる。ようするに，国王たちがわれこそは世界の一番の王様だ，という主張をしてやまなかった時代だ。中世まで誰よりも権威があったカトリック教皇は，一時代に一人しかいない。だから，競う必要がなかった。ところが，教皇の権威が崩れて，結果として一番になった「国王たち」は国ごとにいる。今度は，ではたくさんの王様のなかの誰が一番なんだ，という争いが始まるのだ。

　さんざん起きた戦争の詳細は，興味のある人は世界史の教科書を読みなおしてほしい。結果だけを確認しておこう（表1–5）。まず，16世紀にスペイン国王が強くなる。その後，フランスが，ルイ14世のころ（1660年ごろ）世界で一番になる。そして最後に勝ったのはイギリスだ。この後，イギリスは，荒れ狂う市民革命と宗教革命の波もなんとか乗り切り，産業革命へと向かっていく。

　ただし，「みんなのための教育」になった，という近代の特徴を考えたときに見ておく必要があるのは，この時代の社会構造であり，庶民の生活の様子である。

　まず，社会構造を見ておこう。絶対王政，つまりその国では一人の国王が絶対的な力をもって，政治権力を独占している政治体制。これは，国王とそれ以外の貴族の力に大きな差がある，ということだ。ここで，中世の封建社会を思い出してもらいたい（本章3–2）。王と領主たちが契約を結んでいた中世の封建社会では，王はたくさんの領主のなかの最も強い奴でしかなかった。他方，国王が絶対的な力をもつ近代には，ようするに，国王に近い力をもつような貴族はもういなかったのだ。貴族は没落したり，国王の支配下になり下がったりした。漫画『ベルサイユのばら』には，ベルサイユ宮殿のパーティーでの序列の様子が描かれている（図1–3）。これは，絶対王政の最終局面の時代だが，ここからは，中世には存在しなかった，国王を最高位とするヒエラルキーが，この時代には完全にできあがっていることが読みとれる。

　ではこの時代，国王だけが重要人物になったのだろうか。実は，国王とは違う意味で重要な地位に登りつめた人びとがいた。商人たちだ。中世以来ずっと

図1-3　18世紀フランスの宮廷における作法
（池田理代子『ベルサイユのばら』集英社文庫，第1巻，
1994年，pp. 66–67. ⓒ池田理代子プロダクション）

　各国の王は，国家間の多くの戦争のために軍隊を組織したいと望んだ。しかし，中世の封建社会の名残がまだ強い，つまり貴族の力も国王に近いくらい大きかった近代初期には，国王は思うように税を徴収できなかった。大航海時代に新たな市場を発見したヨーロッパの国王たちは，そこで，「重商主義政策」をとった。つまり，国の力はいかに国が金や銀や貨幣を貯めこむことができるかで決まるという発想によって，貿易を重視し，金銀貨幣をたくさん確保しようとする政策だ。だから，商人を手厚く優遇した。

　その結果，商人のなかの最も成功した一部の人たちは，血筋としては貴族だとか領主ではなく，れっきとした庶民階級であったにもかかわらず，強い力をもった。市民革命は，戦争をくり返し借金だらけになっての財政破綻に端を発するが，商人たちはそこでも当然重要な役割を果たすのである。たとえば有名なロスチャイルド家は，16世紀にドイツで生まれ，貴族ではないにもかかわらず，国王と協力して経済活動を行ない，やがてヨーロッパ中に銀行をつくり，

いまもなお世界経済を握っている[5]。

　では，この時代，ごく一部の成功した商人以外の庶民たちは，どんな生活をしていたのだろうか。彼らは依然として，貧しかった。庶民といっても，やや余裕のある人びとから，日々の食事さえこと欠く人びととまでさまざまだが，ほとんどはぎりぎりの生活だった。ガスも電気もない時代だから，夕方にでもなれば真っ暗になる。都市部では，道路は狭くて舗装されておらず，馬車が通るたびに，泥がはねあがる。馬の糞や近所の家庭から出る生ゴミで，道路はぐちゃぐちゃだ。17世紀ごろヨーロッパで生まれたハイヒールは，道路を歩くときに足元がそうしたゴミや糞で汚れないための工夫だったのだ。汚くて暗くて臭い。そして，いつかもっと良くなるのでは，という希望も期待もない。それが都市部の庶民エリアだった。写真（写1-5）と図（図1-4）は19世紀半ばの都市の風景であるが，これらは，17世紀の街路の汚さがその後さらに200年間も改善されなかったことを表している。

　公衆衛生という意識がまったくないのだから，当然のことながら，しょっちゅう病気がはやる。コレラ，肺結核，チフス。あらゆる病気が庶民の生活を襲う。さて，もしもある家族の父親が，こうした環境で病気にかかるとどうなるだろうか。父親は働けない。しかし，働けようが働けまいが，税金は徴収される。たとえば収入に応じた課税だとか，病気で働けないときの生活保護だとかといった現代福祉国家のセーフティーネットはもちろんこの時代にはないから，

写真1-5　1850年代パリの様子
（David Harvey (2006) 大城直樹他訳『パリ
モダニティの首都』59頁より）

図1-4　1860年代ロンドンの様子
(*Illustrated London News*, xlvi (1865), 184)

この家族は大変困ってしまう。納める税金はどこにもない。仕方がないので，家にあった家具を売る。服を売る。もう家にはなにもない。最後は娘を売るしかなくなり，そのお金まで尽きれば，税金を正しく納めなかったという理由で，ムチ打ちや絞首刑が待っている。農村部も貧しさは同様だった。

　実際，18世紀までの人びとの平均寿命は，イギリスでもフランスでも，約25歳だった。1～3世紀のエジプトの寿命が24歳だったという統計が残っているから，人びとの食事や衛生状態は，1000年以上たってもほとんど改善していないといってよい（後述する産業革命後のイギリスでは，一気に40歳代にまで平均寿命が上がる）。人口のほとんどが，貧しい階層の人びとと，特に農村部の人びとであったことからすると，この平均寿命は，農村部の人びとの平均寿命と重なると思ってよいだろう。

　このように見てくると，近代中期までの世の中は，国王が絶対的な権力を握り，華やかな宮廷文化が広がる一方で，庶民は，中世のころと，いやそれどころか古代のころと変わらない生活水準のままにおかれ，きわめて貧しい生活をしながら，短い人生を終えていたことがわかる。同時に，庶民階級のなかから経済的な成功者も一握りだが出てきて，その中には，商人として重用される者も現れる。ようするにこれまでとは違い，庶民を一枚岩の「貧しい人たち」と

はくくれなくなってくる。他方で，貴族階級の多くは没落し，国王の下に位置づけられていった。このような変化が起きたのが，近代初期・中期なのだ。

4-5 近代初期・中期における教育の変化

　さて，近代の暮らしのなかで，教育はどのように機能していただろうか。すぐにわかるだろうが，中世までと同様，一部の特権階級の人びとと庶民とでは，生活も，そのなかでの教育も，まったく状況が違っている。くり返すが，近代は，庶民階級にも教育が必要だ，という認識が社会的に定着するようになる現代に至る前の，準備の時代なのだ。

　まず，特権階級の人たちの教育を見てみよう。この時代は，教育の世俗化と呼ばれる現象が特徴的だ。このことを探るためには，本章4-3で見た宗教革命に再び目を向ける必要がある。くり返すが，中世という長い時代，教育は教会が担っていた。学問の最高権威は神学だとされ，そこでは，ラテン語を理解し，聖書をよく暗記することが求められた。ところが，支配階級の人びとにとって重要なのはより良い治世であり，民衆の反乱は好ましくない。そこで聖書は，民衆に反乱を起こさせないようにするため，都合よく解釈されていく。そのなかには多くの，非合理的な解釈が含まれていた。たとえば海をずっと先までいくと世界の果てがあって，そこで海は滝のように流れてしまうのだ，だから死後，いつかくる裁きの日に悪人と判断され滝から落とされないよう，生きている間は教会の教えを守らねばならない，とみんな信じていた。

　ルネサンスや大航海時代は，中世の解釈が，非科学的であることを暴露してしまった。地球はまるい。このことに気づいた途端に，自然科学は飛躍的に発展していく。太陽中心の宇宙論や，ケプラーの天文学，ガリレイの幾何学や物理学。自然とはなんなのか，という見方がガラッと変わってしまったのだ。これが近代自然科学である。

　当然，こうした変化は，人びとに疑問を抱かせる。とくに聖書をきちんと勉強した人たちにとっては，神の前では人類はみな平等だと書いてあるのに，おかしいなあ，という疑問が生まれてくる。こうした疑問をさらに募らせるのが，教皇庁の出した「免罪符」である。大聖堂を修理したいから免罪符を買いなさい，そうすれば孫の代まで罪がゆるされるよ。あまりに見え透いた金儲けの方法に怒りを爆発させたのが，当時一介の僧侶にすぎなかった，ルター（Luther:

1483–1546）という人物だった。彼は，信仰は内面の問題（個々人が心のなかで神と直接対話するもの）だ，と考えていて，「九十五カ条の論題」を突きつけ，教皇を批判する。当然のことながら，カトリック教会から破門されてしまう。

ルターのこの事件は大きな影響を与え，キリスト教の大分裂を引きおこした。一介の僧侶のちょっとした反論がこれほど影響を与えたということは，実はそれだけ多くの人が，なんか教会の言ってることはおかしいんじゃないの，と思っていたことの表れだろう。ルターの思想を受け継ぐかたちで，エリート教育はしだいに教会から離れていく。大学が教会から独立した学問体系のための組織として機能し始める（とはいえ，これが本格化するのは，まだ先の話だ）。

さて，世俗化された教育機関では，単に国王や貴族や聖職者だけがまなんだのではない。貨幣経済の重要性が増すにつれて力をつけてきた，庶民階級のお金持ちたちも大学でまなぶようになった。彼らは同じ庶民階級に属する貧しい人びとに対し，わずかであっても，少なくとも貴族や国王たちよりは，親近感や同情をもちあわせていただろう。ここに，庶民への教育という発想が，ほんのわずかだが生まれてくる。地下水が一滴溜まったのだ。

また，別の側面からも，庶民への教育という発想が生まれてくる。というのもルターは，ただ単に免罪符に対して怒っただけではなかったからだ。彼は，そもそも，聖書がラテン語で書かれているからいけないんだ，だから，聖職者や支配者だけがその内容を独占しているから，免罪符みたいなことが起きてもみんな反論できないんだ，信仰というのは内面の問題なのだから，自分と向きあうためにみんなが聖書を読めるようになる必要がある，と考える。そして彼は実際に，聖書をドイツ語に翻訳した。

さて，ルターの翻訳したドイツ語の聖書は，一体どれだけの人が読むことができたのだろう。当時のドイツでの識字率は，諸説あるが，都市部でもせいぜい30％，農村部を含めると5％程度だったのではないか，という推計がなされている。せっかく聖書がドイツ語になっても，大半の人びとには読めないじゃないか！　これでは意味がない。庶民だって聖書を直接理解できるべきだ！こう考えたルターは，すべての子どもたちへの義務教育を提唱した。16世紀，世の中はこれから国王の力がどんどん強くなっていく，その真っただなかの出来事である。

ルターの考えは多くの人びとに影響を与え，教育論は飛躍的な進歩を遂げる

ことになる。たとえば17世紀のチェコ人の牧師コメニウス（Comenius: 1592–1670）は，人間の成長を死に至るまでの八段階に分け，それぞれに対応する学校を考えた。それまで世には高等教育の学校（大学）しかなかったのに，幼年期から，現代でいうところの「発達段階に応じた」教育機関が必要だと考えたのだ。すごい発想だ。また，聖書の丸暗記を目的として教師が抽象的な言葉だけで説明する教育を嫌い（当時はひたすら丸暗記，詰めこむことしかしていなかったのだ），教える内容を具体的に示すべきだと考える。もちろんすべての教育内容を教室で示すわけにはいかない。そこで考えたのが，世界で初めての教科書だ。それも図入りで，すべての子どもにわかりやすいようにと工夫したのだ。

　コメニウスの教育論の画期的な点は，すべての人間に（子どもだけではなくおとなも），あらゆることについて，あらゆる側面からの教育をすべきだ，と考えたことだ。いまの私たちにとってこそ当然のことだが，中世までの一部のエリートしか教育を受けられなかった時代からは，コメニウスのような発想は出てこない[6]。

　コメニウスの教育論（あくまで論にすぎない）は，その後，市民革命期に入って，ルソー（Rousseau: 1712–1778）らによって引きつがれていく。では，教育論のこうした飛躍的な発展により，近代ヨーロッパの庶民たちは，ありがたい教育を受けられるようになっただろうか。聖書に本当はなにが書いてあるかを知るチャンスが与えられたのだろうか。答えはノーだ。なぜだろう。この当時の教育には，なにが足りなかったのだろう。その答えは，実際に，みんなの教育が始まる前夜ともいえる，近代の終盤に隠れている。つまり，コメニウスの教育論の発表から1870年代まで，「みんなのための教育」が花開くのにはあと200年以上の長い道のりがあるのだ。この間，一体なにが生じていたのだろう——次章で，そのなぞ解きをしよう。その前に，近代終盤に向けてなにが起きたのか，二重革命を中心に確認しておきたい。

4-6 二重革命

　これから確認する内容は，次章の産業革命後の変化の考察と時代的には重なる部分も多い。本項ではまず，二重革命という大きな出来事が，近代から現代へと社会をおし進めていく，その流れを簡単におさえておこう。

　二重革命とは，政治・社会上の変革であるアメリカ独立戦争やフランス革命

（市民革命）と，経済上の変革である産業革命とをさす。近代中期〜後期のこれらの出来事こそ，社会を，そして教育を根本からひっくりかえす出来事となる。

　さて，まず近代の後半に起きたことを確認するために，もう一度48ページの年表（表1-5）を確認してほしい。華々しい絶対王政を経て，ヨーロッパは，市民革命期へと進む。一足早く市民革命をすませたイギリスについで，アメリカ，フランスで大きな市民革命が起きた。これらの革命によって，結果的に，経済的には大きな影響力をもちつつも，しょせん平民にすぎなかった商人たち（の最も成功した一握りの人びと）は，政治に食いこむ勢力へと成長した。それよりちょっと下層の人びとは，貧しいといいながらも，カフェで政治談議をするという習慣をもった。でも庶民も政治の一員になっていくという流れにのれない，さらに貧しい人びともまだたくさんいた。こうした変化は産業の発展とも絡みあいながら，より複雑化していく。その様子は次章を参照してほしい。

　もうひとつ起きたのは，現在の国際秩序にほぼ近い国家が成立したことである。ヨーロッパ諸国は，市民革命やナポレオンとの戦いをとおして，国は自分たちが守ると考えるようになり，各自が国家としての自覚をもつようになった。これまで人びとの多くは，「自分の国」なんてことを考えたことがなかった。なぜなら，政治（税金の使い方や戦争）は金持ちのためのものだし，誰が支配するかより，どれだけ税金が重いかの方が重要だったからだ。しかし政治に参加した人びとは自分の国を，「国王という遠くの偉い人が支配している国」から，「一種の運命共同体」として捉えるようになっていった（70ページ）。当時の国家は近代国家としてはまだ未発達な部分も多いが，枠組みとしての国家はこの時代にほぼ完成する。

　もう一方の革命，産業革命を見てみよう。革命というと劇的な出来事のようだが，実際に起きたのは技術革新であり，発明と改良の物語である。ようするに，いろんな人があちこちでちょっとずつ工夫した結果の蓄積である。とはいえ，この技術革新は，庶民階級もまきこんで，生活に大きな変化をもたらした。発端はイギリスだ。すでに世界ナンバーワンの国になっていたイギリスには，そこに登りつめる過程の戦争で獲得したたくさんの海外市場があった。おまけに国内では，農業革命と呼ばれる変化が起きつつあった。農業生産率を上げようとしたら，どうすれば良いだろうか。大規模化すればよいのである（欧米の広大な小麦畑の写真を見たことがあるだろう）。このことに気づいた，農地を所有す

る金持ちたちは，周囲の小さな農地をどんどん併合してしまった（囲い込み）。すると，自分の（借）農地を失った人びとは，仕方なしに，都市部に労働者として流れてきた（田舎には仕事がないけれど，都市部ならなにかあるんじゃないかという発想は，現代の日本の就業事情と同じである）。市場があり，人手がある。こうなれば，勢いのある商工業者が，どんどん生産してどんどん儲けよう，と考えるのは自然なことだろう。こうして技術革新が進んだのである。

　産業革命は，紡糸機や織布機などを用いた小規模生産から始まり，やがて，より大規模な工場で機械を働かせて集中的に生産する工場制機械工業にまで発展する。興味深いことに，革命初期に紡糸機や織布機などを発明したのは，行商人や時計の修理工など，庶民階級の人びとである。エリートでない人びとによる発明と改良によって社会が大きく変わっていく。なんだ，別に偉い人じゃなくても，がんばって考えたらすごい発明ができるじゃないか。このことに気づいた人びとは，庶民にも教育機会がほしいと思うようになっていった。近代はこうして，そのゴールへと向かっていったのだ。

4-7 本章のまとめ

　ここまで，公教育不在の歴史を見てきた。人類の歴史のどこにも教育は存在するが，一方で，公教育となると，不在の時代がこれほどまでに長い。そして，ここにきて結実した，まなびたい，という願い。自分たちの生活を自分たちで少しでも良くできるかもしれない，という期待。とはいえこれもまた，地下水の小さな一滴でしかない。平等な教育などほど遠い。それどころか，産業革命が最初にもたらしたのは，この変化に対応できた人とできなかった人の貧富の差であり，しかも，貧しい人びとがより一層貧しくなっていくという社会構造であった。勉強する機会をほしいと思った（正確にいえばそう思える余裕があった）庶民は一握りで，その他の多くはその日の暮らしすら危うかった。都市にはスラム街ができ，ホームレスとなった子どもたち，人びとが路上にあふれた。教育への願いも期待もそこにはなかった。

　次の第2章では，この社会状態について，もっと掘り下げて見ていこう。そうすることで，なぜ，教育機会に対する庶民の要求が実現していくのが，産業革命の開始から100年ほども後になってしまったのか，第2章で詳しく考察するその背景がよくわかるのである。

1) 後述するように，この典型例が十字軍だ（40 ページ）。

2) 《家の子》とは，邸に勤める奴隷のこと。

3) さらに黒死病の大流行により労働力が不足した 14 世紀には，領主は，働き手を確保するために，農民の地位を改善することになった。これが，中間層だった領主の没落に拍車をかけた。

4) 高等教育は，このように，本来は一部のエリートのための教育機関であった。しかし現在の高等教育機関には，専門学校や短期大学等を含むことや，大学進学率が 50％を超えることを考えると，現代の日本では，一部を除き大学をエリート教育機関とはもはや呼ばないのが実際のところだろう。

5) 当時ユダヤ人は姓を名乗ることがゆるされておらず，家には赤い楯（rot Schild）を掲げていた。そこから後年の Rothchild という姓が生まれた。ロスチャイルド家の起源は庶民階級だが，その背景には激しい宗教差別があった。

6) 当時のチェコはオーストリアの弾圧的支配下にあった。このことはコメニウスが，教育改革をしなければ，と強く思ったことと無関係ではないだろう。

第2章

近代後期から現代への流れと公教育の成立

第1節　公教育：発想ゼロの時代から当然視する時代へ

　第1章では，「教育を原理的に探究する」ための準備体操として，約4000年にわたる西洋の歴史をざっくりと眺めてきた。古代／中世／近代／現代に区分して，近代中期までのさまざまな身分・階級の人びとが，なにを感じ考えながら日常生活を営んでいたのか，具体的なエピソードにもふれながら確認してきた。それによって，コマ切れ状態であったあれこれの知識がずいぶんつながり，「こういう社会でこんなふうな生活を送っていたのなら，そりゃあ，『エリート』にしか教育は関係なかっただろうなあ」との理解も得られただろう。

　教育が，ほんの一握りの人びとのものだった時代と，みんなが学校に行っている（行くことになっている）私たちの時代とのあいだには，なんと大きな隔たりがあることだろう。すべての子どもの学校教育に国家が責任をもつことを「公教育」といい，いまはほとんどの人が「そりゃあ当たり前だ」と，この価値観を疑わない。でも，第1章で見たように，昔は全然そうではなかったのだ。一体この間，なにが・なぜ・どんなふうに起こったのだろう。

　このなぞ解きをしていくことは，現代のさまざまな教育問題・教育課題を深く理解するにあたって，大きなプラスになる。不登校や中退，進路未決定での卒業，保護者をはじめおとなたちの学校に対する過剰な期待，先生や生徒が感じる異常なプレッシャー……。こうした問題の根底には，公教育がどんなふうに成立してきたかが，実は横たわっている。

　すべての子どもの学校教育に国家が責任をもつこと，といっても，もちろん

それは，公教育に関わっているのは（中央）政府の政治家や官僚だけだ，という意味ではない。学校現場には先生がいるし，学校を支える裏方さん（事務職員や自治体職員）が大勢いる。また，保護者をはじめ地域の人びと，さらには財界人が関わっていることだって少なくない。

　……という身近な現実から考えを進めてみると，「公教育」の「公」って，いろいろな意味があって結構複雑なんだな，と気づく。つまり「おおやけ」の意味は，一つめには「国家による公的な＝オフィシャルな（official）」ということ，二つめには，さまざまな立場の人びとに開かれていること，つまり「開放的＝オープンな（open）」ということでもある。さらに三つめには，教育の目標や中身は相手によっていろいろ異なるにせよ，やはりなにかしら，みんなにとって一定の「共通性・共同性がある＝コモンの（common）」という意味がある。

　少し考えればわかるように，さまざまな立場の人びとが公教育に関わっているとすれば，たとえば「日本の中学生が共通に最低限身につけるべき勉強内容はなにか？　それらはどう教えるのが一番良いか？」といったテーマひとつとっても，意見はそう簡単には一致しない。「科学技術の発展がこれだけ速いと，ミニマム・エッセンシャルズ（最低限教えるべき教材）を定めてもすぐ無意味になる」，「日本の中学生って，外国籍の生徒も入るの？」，「同じ中学生でも発達は人によって異なるんだから，一番良い教え方といっても，『その子に合った教育』としかいいようがない」などなど……。つまり，国家性と開放性と共通性・共同性は互いに葛藤しあう性質をもつ。

　こんなふうに意見が一致しない場合，人はどうするだろうか。なにが妥当なのか明らかにすべく教育実践や教育研究を掘り下げる人もいれば，ただひたすら自分と「信念（これが正しいという一種の思いこみ）」を同じくする人びとと組んで，意見を広めるべく運動を盛りあげる人もいれば，あるいはまた，教育実践・研究をしながら運動する人もいる。公教育が制度化（仕組みとして定着）されていく歴史は，まさにこうした人びと同士の，葛藤と妥協の連続であった。

　本章はこのように，教育制度の変遷を，政治的・経済的・社会階級的な人間関係と絡ませて，公教育が始まるきっかけの段階から順に見ていくと同時に，さまざまな人びとの認識と行為にも接近する。つまり，「こうした人びとにとって，目の前の教育の現実はどのように見えたのだろう？　なにを問題と感じたのだろう？　なぜそれが解決方法だと判断できたのだろう？」といったなぞ

解きも並行して進めていく。

　公教育の制度化の歴史を，さまざまな社会階級や立場の人びとの認識や行為のレベルに降りたって見ていくことが大切なのは，歴史が啓蒙思想の勝利でもなければ崇高な教育理念の勝利でもないからである。筆者が最も恐れるのは，教育原理をまなぶみなさんが，「偉い」教育学者や「すごい」教師の教育思想や教育理論をそれ単体のみで学んで，時代が下るにつれてそうした崇高な理念が勝っていったんだ，歴史は進歩したんだ，と誤解してしまうことなのである。

　実際のところ，教育の歴史はそんなふうに進んではこなかったし，これからもそんなふうには進んでいかないだろう。なぜならくり返せば，人間の社会はさまざまな人びと同士の，葛藤と妥協の世界に他ならないからだ。このことがまず社会的現実として厳然としてあって，しかしなにかひょんなことから，ラディカルすぎたり画期的すぎたりして当座は無視された，あるいは長続きしなかった教育思想や理論が，広がったりまた再び廃れたりするものなのだ。

　人間社会の歴史はこのようなものだからこそ，みんなのための教育という思想・理論は大切にする必要がある。第1章で用いた地下水の比喩をいまいちど使うなら，地下に溜まり沁みだし，溢れだしたその流れを社会が整えたあとも，それを汲みあげる努力を続ける人びとがいなかったら，私たちが今日当たり前のように享受している学校教育は存在していないだろう。そこで本章は，汲みあげ続けられる地下水的存在として，ルソー，ペスタロッチ，ヘルバルト，オーウェン，デューイといった人びとを取り上げる。

第2節　近代と現代のあいだ：産業革命から帝国主義へ

　前章では，14世紀のルネサンスから18世紀の産業革命にかけての大きな時代の流れが，いかに人びとの暮らしと人生のあり方，考え方や価値観を変えたかを見てきた。……といっても，みなさんはこの辺で，時代の流れがこんがらがってきているかもしれない。そんなときは「大まか年表」だ。以下の表2-1を見てほしい。本章で確認していくのは，19世紀序盤から20世紀序盤にかけての，産業革命後の社会変化から帝国主義の発展，そしてそれにともなう公教育の成立だ。ざっくり19世紀だと思えばよい。

　さて「社会変化」は，さまざまな変化を含んでいる。それがどんなふうにし

表 2-1　近代から現代への大まかな流れ

17 世紀	18 世紀	19 世紀序盤〜中盤	19 世紀終盤〜 第二次世界大戦	第二次世界大戦後 （1945 〜）
近代中期 市民社会の確立 産業革命		近代後期 資本主義経済と 国民国家の形成	現代（の幕開け） 帝国主義の発展→ 福祉国家の形成と展開	現代 福祉国家の発展と ポスト福祉国家

て帝国主義につながっていくの？　高校世界史の教科書には，産業革命のあと
自由主義と国民主義が拡大し，それから帝国主義が展開……とある。たしかに
その通りで，あなたはたくさんの人名や出来事や年号を暗記しただろう——で
結局，19 世紀はどんな時代として捉えればいいわけ？　コツは，「社会階級」[1]
という視点によってコマ切れ状態の知識をつなぐこと，である。そのようにし
て知識がつながると，公教育の成立までに長い長い年月がかかった理由がよく
見えてくる。

2-1　19 世紀の概観

　まずは，表 2–2 に示した年表を見ながら人名や出来事や年号を整理しよう
（もちろん先の年表と同様，すっかり忘れてしまってもかまわない，以下の説明がざっく
り頭に残りさえすれば）。登場する国は，イギリス，フランス，プロイセン（のち
のドイツ）に限定した。イギリスは，産業革命が真っ先に進行した国なので取
り上げており，本節でも中心的に扱う。フランスとプロイセンが登場するのは，
イギリスから見てたいそう気になる国だからである。イギリスは島国だが，大
陸の出来事はなにかと影響をもたらし続けた。

　それはどういう影響であったか。年表を見ながら読んでほしい。まずフラン
ス。フランス革命で王政を廃止して（ルイ 16 世とマリー・アントワネットのギロチ
ン）共和政をうちたてたはずなのに，ナポレオン 1 世（のちには 3 世も）が皇帝
になったり（帝政），王政が復活したり（ルイ 18 世とかシャルル 10 世とか），その
合間にクーデターや革命が起こったり……と実に政治的・社会的に不安定で極
端だ。当時のイギリスの支配階級にとってなにが嫌かって，自国の庶民階級が
フランスの庶民階級の真似をして暴動を起こしたり，「人権！　教育！　選挙
権！」などと叫びながらデモをくり広げることだった。逆にイギリスの庶民階
級は，「俺たちもがんばろう！」と勇気づけられたわけだ。

表2-2　19世紀におけるイギリス，フランス，プロイセン（のちドイツ）の動向

イギリス	フランス	プロイセン（のちドイツ）
	1789　フランス革命	
	1792　王政廃止，共和政宣言	1797　フリードリヒ＝ヴィルヘ
	1799　ナポレオン1世の統領政府	ルム3世即位，農奴解放
1802　工場法制定	1804　ナポレオン皇帝（帝政）	1806　対仏戦争（ナポレオン）で敗北
1811–17　ラッダイト運動		1808　フィヒテ「ドイツ国民に
1814　スティーヴンソン蒸気機関発明	1814　王政復古(ルイ18世即位)	告ぐ」
1815　穀物法制定（保護貿易）		
1825　スティーヴンソン，蒸気機関実用化	1824　シャルル10世即位	1823　産業革命期に入る
1830　マンチェスターとリヴァプール間で鉄道開通	1830　ルイ＝フィリップ即位	
1830　グレー内閣発足（70年ぶりのウィッグ党内閣）		
1832　第一回選挙法改正		
1833　工場法改正（児童の週48時間労働）		
1834　新救貧法		
1837　ヴィクトリア女王即位（–1901）		
1838　人民憲章，チャーチスト運動（–1848）		
1846　穀物法廃止（自由貿易）	1846　凶作による全国的不況	
1847　工場法改正(10時間労働法)	1848　二月革命→第二共和政	1848　マルクス＝エンゲルス「共産党宣言」発表
1851　第一回万国博覧会（ロンドン）	1851　ルイ＝ナポレオンのクーデター→皇帝ナポレオン3世即位	
1858　東インド会社廃止，インドの直轄統治開始		1862　宰相ビスマルクの執政（–90）社会政策と産業政策の拡充
1867　第二回選挙法改正		
	1870–71　普仏戦争	
	1871　第三共和政	1871　ドイツ（帝国）の誕生
1875　スエズ運河株式買収		
1882　エジプト領有	1881　チュニジア併合	
	1884–85　清仏戦争	1885　ダイムラー，ガソリン機関発明
	1887　仏領インドシナ成立	
1890–96　ケープ植民地（南アフリカ）の首相をセシル・ローズが務める		1889　ダイムラー，自動車発明
1899　ボーア戦争（–1902）		

上記のシュプレヒコールのなかに「教育」とあるが，これはフランス革命の影響が大きい。フランス革命のなかで，数学者・思想家であるコンドルセ（Condorcet: 1743–1794）が起草した「公教育の一般的組織に関する報告および法案」の内容に，イギリスの庶民は感動したのだ。その内容が，フランス人権宣言をふまえた，人権保障としての公教育制度の設置，宗教教育の排除，男女共学の単線型システム[2]，無償制，などとなっていたからである。人権というきわめて画期的な思想が，具体的な教育制度・仕組みに落とされて提示されたのを見て，彼らは目の覚める思いであっただろう。

　この法案は，革命政府がすぐに崩壊したため実現はしなかった。だが，思想は残るのである。地下水のように溜まり，脈々と流れ続けるのだ。だから，イギリスにも届き，それを汲みあげた庶民は勇気づけられた。これに対して当時のイギリスの支配階級は，第4節で詳しく見るように，庶民の教育なんて国家が責任をもつことではないと考えていたので，コンドルセが構想した，かような公教育制度は「けしからん」話でしかなかった。

　続いてプロイセン。19世紀の半ばごろまでは，イギリスにとってドイツは大した存在ではなかった。1871年のドイツ統一までは，地方のちょっとした王様たちが争いあっている領邦国家（小さな国の集まり）で，イギリスより70年も遅れて産業革命に入った後発国だったからだ。けれどもいったん産業革命が走りだすと，イギリスと同様に暴動や労働運動，社会運動が頻発したし，マルクスとエンゲルスが1848年に「共産党宣言」を出して，「万国の労働者よ，団結せよ」と，庶民階級の運動を応援した。イギリスの支配階級からすれば，これも「けしからん」話である。1862年にビスマルクが宰相になると，社会政策と産業政策によって，国全体にがんがんテコ入れをしていく（労働運動や社会運動もこれで封じこめる）。こうしてドイツは19世紀終盤以降，イギリスの強力なライバルになったのだ。

　さて，フランスとプロイセン（のちドイツ）を横目で見ていたイギリスでは，どんなことが起こってきたか。まず注目すべきなのは，人口の急増とその分布の変化だ。イギリス（イングランドとウェールズ）の人口は，産業革命が始まった1750年ごろは600万人と推定されているが，1801年には900万人，1851年には1800万人と，わずか一世紀で3倍にも増えた。それだけではなく，工業化によって都市に人口が集中していく。都市人口比率は，1750年ごろは16%，

1801 年は 20％，1851 年は 50％を超えた。つまり一世紀で，18 世紀には 5 人に 4 人が農村に住んでいたのが，2 人に 1 人以下に減ってしまった。

　ということは，自給自足の生活をする人が激減したわけだ。都市住民は，食うという生存の基本要素を，流通業界に依存する。流通業界は，大量の商品をさばく必要がある。露天市場や個人商店が拡大したが，近郊農村だけでは商品が足りない。だが，この問題も間もなく解決した。蒸気機関の発明とその実用化（スティーヴンソンによる）は，鉄道網の拡大につながり，物流コストが下がったからだ。かくして都市はますます便利で豊かな場所となり，いっそうの人口流入を呼びおこしていった。

　それにしても，当時の都市の庶民はなにを食べ，どんなところに住んでいたのだろう。食費や家賃はいくらくらいだったのだろう。ジョン・バーネットという研究者が著した『豊かさと欠乏』（1968 年）をちょっとのぞいてみよう。

　庶民といってもその職業はいろいろだし，熟練工場労働者なのか単純工場労働者なのかによっても生活事情や懐具合は違う。表 2-3 は，1840 年ごろの北部ランカシャーにある綿工場の労働者の事例である。A は綿布の仕上げをする熟練工，B は誰でもできる簡単な作業に従事する単純工の家庭だ。ともに夫婦と子ども 4 人の構成である。

　この表からわかることは 4 点ある。第一に，世帯者数は同じなのに熟練工 A の家庭は単純工 B の家庭と比べて 2 倍もの支出がある。第二に主食を見ると，A ではパンが多いのに対して B ではオートミール（うすい麦の粥）を多く食べざるをえない。第三に，A では肉，バター，チーズ，紅茶，コーヒーの支出があるのに対して，B ではゼロとなっている。第四に，A の家賃は B の 6 倍にも達している。ようするに，A の食卓の方が圧倒的に豊かである。住まいも断然違うだろう。エンゲルス（Engels: 1820-1895）の著書を読むと，このことがより実感される。

　　比較的賃金の高い労働者は，とりわけ家族全員がいくらか稼ぐことのできる工場労働者は，そうした状態がつづくかぎりよい食事をとっており，毎日肉を欠かさず，夕食にはベーコンとチーズを食べる。稼ぎが彼らよりも少ない場合には，日曜日しか，あるいは週に二ないし三回しか肉を食べず，そのかわりにジャガイモやパンをより多く食べる。より下層の労働者へ進

表2-3　1840年ごろの綿工場労働者の1週間の家計支出

	A（熟練工＝綿布の仕上げ）			B（単純作業者）		
	ポンド	シリング	ペンス	ポンド	シリング	ペンス
パンあるいは小麦粉		5			2	6
オートミール			5		1	10
ジャガイモ		1			1	8
肉		2	9			
ベーコン						8
バター		2	10.5			
ミルク						6
チーズ			13.5			
紅茶，コーヒー			13.5			
砂糖・糖蜜			4			5
その他の食品			12			
石鹸・ローソク						
煙草・嗅ぎ煙草						2
衣料品			6			6
石炭		1				9
家賃		3				6
合計	1	1	1.5		10	6
		（＝253.5ペンス）			（＝126ペンス）	

注) 1ポンド＝20シリング＝240ペンス。つまり，1シリング＝12ペンス。
出所) Burnett (1968) の70, 72ページの二表を筆者が再構成。

むにつれて，動物性食物はジャガイモのなかにきざみこまれたわずかなベーコンだけとなる。さらに下層になるとこれもなくなって，チーズと，パンと，オートミール（porridge）と，ジャガイモだけとな（……）る。

（Engels 1845/1990 上巻, p. 148）

正面――次の（……）図を参照せよ［図2-1］――をなしているのは第一級［第1列］のコテージで，裏門と小さな裏庭をもつほどめぐまれ，そのため家賃がもっとも高い。こうしたコテージの裏庭の壁の後ろには，狭い横町，つまり裏道（back street）があり，その両端は建物でふさがれ，もっと狭い道か建物でおおわれた路地が横からそこへ通じている。この裏道に面している［中央列の］コテージの家賃はもっとも安く，一般にもっとも放置されている。（……）換気が悪く，裏道そのものがつねに裏路地と同じくら

い不潔で貧相な状態にある。 （同掲書，pp. 119–120）

　図 2–1 にあるように，中央列のコテージ，とくに地下や半地下は最悪であった。図 2–2 は，1850 年，風刺雑誌『パンチ』に掲載されたイラストだ。6 畳もない空間に，ベッドも調理場も欠き，家畜（ロバ）と一緒に少なくとも 7 人が住んでいる。

　エンゲルスの文章に戻ると，ここで注意を払う必要があるのは「家族全員がいくらか稼ぐことのできる」，「そうした状態がつづくかぎり」という箇所だ。「家族全員」には 5 歳や 6 歳の子どもも当然のごとく含まれていたし，「そうした状態がつづくかぎり」ということは，稼げない時期もある，という意味だからである。幼い子どもも働いてやっとこさ成り立つ生活，病気や怪我と隣りあわせの生活，失業したら貧困の底に突き落とされる生活……。

　「こんなの，絶対フェアじゃない」という空気が，庶民のあいだで漂ったり渦巻いたりするのは当然といえば当然であった。だから彼らは，工場法改正運動，選挙法改正運動やチャーチスト運動をくり広げた。つまり，労働時間の短

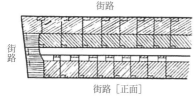

街路

第 3 列のコテージ
中央列のコテージ
←裏道
第 1 列のコテージ
（裏庭つき）

街路

街路［正面］

図 2-1
コテージのつくりかた
（Friedrich Engels (1845) *Die Lage der arbeitenden Klasse in England* (Stuttgart : J.H.W. Dietz Nachf., 1923)，p. 57）
注）［正面］は筆者の補記。

図 2-2
貧民の住居 (1850 年)
（*Punch*, xviii (1850), Almanack）

縮や児童労働の制限，選挙権者の財産条項の緩和，さらにはそれをも廃した普通選挙の実施を要求したのである。

こうした庶民階級による社会運動のかたわら，イギリスの国家と資本主義経済はどんどん発展していった。とくに，1850年代から1870年代にかけては好況期で，物価上昇もかなりのものだったが，実質賃金も上がったので，庶民階級の生活も，わずかながらゆとりが生まれるようになった。このように生活水準の向上を享受することで，もっと良い商品やサービスが欲しくなる。人びとのこの欲望が資本主義経済のエネルギーだ。

製品は大量生産すれば安くなって購買層が増える。大量生産には大きな工場，たくさんの安い原材料と労働力が必要だ。つくったら，売り切れてもらわないと困る。工場の建設費や従業員の賃金が払えない，銀行に借金が返せないからだ。こんな負のスパイラルにはまらなかったとしても，常に拡大路線で進まないと，他のライバルに負けて最終的には倒産や吸収合併の憂き目に遭う。だから資本主義経済は，走行中の自転車のようなものだ。止まったら倒れてしまう。

他方で庶民の圧倒的多数は，工場や商店，貿易会社で働く賃金労働者だから，会社が儲かってもらわないと生活が貧しくなって困る。もちろん，会社が儲かろうとなにしようと，その恩恵をほとんどあるいは全然享受することのない人びとも少なくはなかった。しかしながら，産業革命ののち資本主義経済が発展するにつれて，一国の国民の多くは一種の運命共同体を経験するようになる。それまでの運命共同体は，村だとか町だとか，あるいは誰それ領主の支配地くらいの規模だったのが，国家にまでなった——だから，「国民国家（nation state）」というのである。

資本主義経済という自転車の走行を止めないよう欧米列強がとったのが，帝国主義である。高校世界史の教科書には，それは1870年ごろから本格化した，とある。前出の年表（表2–2）でイギリスを確認すると，東インド会社の廃止とインドの直轄統治，スエズ運河株式の買収，エジプトの領有，ケープ植民地（南アフリカ）に首相配置……と，その侵出ぶりが明らかである。ケープ植民地の首相となった，セシル・ローズ（もともとはダイヤモンド会社の社長）がしゃべった以下の内容を読めば，帝国主義の神髄がよくわかる。これは『山川世界史総合図録』にも掲載されている（p. 171）。

（……）世界がわれわれの商品を排斥しようとしていることを考えるならば，わが国民の生産品にとって自由で開放された市場を与えるような地球の表面を，1インチといえども取らなければならない。（……）

　私は昨日ロンドンのイースト゠エンド［貧困地域］にいって失業者大会を傍聴した。そして私が，そこでパンを与えよという絶叫にほかならない幾つかの荒々しい演説をきいて帰宅したとき，私は，帝国主義の重要さをいよいよ確信した。（……）イギリス帝国の4000万の人民を血なまぐさい内乱からまもるためには，われわれ植民政治家は，過剰人口を収容するために新領土を開拓し，また彼らが工場や鉱山で生産する商品のために新しい販路をつくらなければならない。決定的な問題は，私が常にいうことだが，胃の腑の問題である。彼らが内乱を欲しないならば，彼らは帝国主義者とならなければならない。

　このように，国民全体を国家という運命共同体のなかに巻きこんで，帝国主義的競争は世紀が変わっても続いていく。20世紀の二つの大戦も，その延長線上にある。

2-2 社会階級の視点から19世紀をつかむ

　以上からわかるように，産業革命後の社会では，人口が爆発的に増加すると同時に都市への集中が進んだ。さらには，人口過剰問題が発生した。理解すべきなのは，こうした量的側面に加えて，「どんな人びとが国家・社会を構成するようになったか」という質的側面も重要だ，ということである。

　序章第2節（22ページ）で，19世紀に至ったときに，公教育が必要だ，と支配階級も庶民階級も考えるようになったと述べた——支配階級って，庶民階級って，どんな人たち？　一口に「支配者」「庶民」といっても，たとえば9世紀（中世）と19世紀（近代）では，この言葉が指す中身は違ってくるし，彼らのものの見方や価値観も変わってくる。だから，これをざっくり確認しておく必要がある。つまり，「社会階級」という視点でもって，前項でおさらいした高校世界史の知識を，もう一段階深いレベルにつなぐのだ。

　この作業をやっておくことで，第4節で学ぶように，国家（支配階級）が庶民階級の教育に本腰を入れるようになったのは，庶民階級がそれを要求する運

動・闘いをし始めてずいぶん経ってからなのだ，という事実とその理由がよくわかる。「なんで？　だって，教育って誰にとっても大切だし，国家が責任をもって当たり前じゃん」とあなたは思うだろう。しかし，当時の支配階級はそうは考えなかったのだ。なぜだろう。第4節に進む準備を，ここでしておこう。

2-3 「支配階級」「庶民階級」の複雑化

　中世において支配階級といえば，イギリスでは，王家・貴族（伯爵や男爵）と郷紳（ジェントリ），それからキリスト教会の聖職者だった。彼らは国内外の土地と農業（収穫物）にその財力の基礎をおき，政治・行政・裁判を牛耳っていた。ところが産業の発展につれて，製造業や商業・貿易で成功し有力者となる層が出てくる。産業資本家・経営者（ブルジョアジー）だ。彼らは王家・貴族や郷紳からすれば新興成金だが，金も勢いもあるので無視できない。手を組んだ方が得だった。

　産業の発展によって，ブルジョアジーという新たな支配層が生みだされ定着していっただけではない。個々の会社や商店の組織は大きくなり複雑化していく。かつてはなかったポジションや職業が生まれ増えていく。トップ経営層に連なる部長や課長，その下に係長・主任や平事務員，店員……と続いていく。

　会社の役職者には，上層中産階級のブルジョアジーに食いこんでいけるチャ

図 2-3　燈が灯る前の夜の様子（W. ホガース『夜』）　**写真 2-1　燈の灯る街路の様子（19世紀）**（John Atkinson Grimshaw (1836-93): 'Hull,' c.1885 (Dyos, H.J. and Wolff Michael eds. (1973) The Victorian City: Images and Realities, vol. 2, No. 390).)

ンスがあった。そんな彼らは，経済面だけではなく，文化面・生活面でも「高尚」を目指した。産業革命がもたらした技術であるガス灯や電灯の恩恵が，ひとつ確認される。19世紀より前の都市の様子を思い出してほしい（53ページ）。街灯は，それまでは暗くて怖くて歩けなかった夜間の街路や道路を明るく照らしだした（写真2-1）。商店や食事処，また家のなかも明るくなった。それまでは，「ローソク，もったいないし……」と，暗くなったら寝るしかなかったのが，余暇（ヒマ）という時間がもてるようになったのだ。だから，ちょっとリッチになった人びとは，読書や編み物といった「趣味（hobby）」を夜間にも楽しむ，という習慣をつけていったのだ。

　だがもちろん，小ぎれいになったのは都市の表側だけだし，中産階級全体の生活が「高尚」になったわけでもない。係長・主任や平事務員，店員のような「下っ端」の場合は，よほどの才覚と幸運に恵まれていないかぎりその道は閉ざされていた。「ここは君たちの来る世界じゃない。身のほどをわきまえたまえ」という視線が，上層中産階級から向けられていた。彼らは中下層中産階級を形成し，そこにとどまっていた。

　彼らのさらに下に位置したのが「労働者階級」だ。「事務員や店員だって働いているんだから労働者じゃないの？」——そのとおりである。ただし，ここでいう労働者階級という概念には，特定の意味が込められている。それは，炭坑夫（婦），石工，レンガ積み工，機械工，染色工，縫製工，ガス焚工（街のガス灯に火を灯す労働者）……といった筋肉労働（manual labor）に従事する成人男女，青年男女，そして忘れてはならない，男女児童のことだ。

　以上のように産業革命後の社会には，「見事」なまでに，ヒエラルキーと階級格差が存在していた。たしかに産業革命は，筋肉労働を機械に代替し，より安く大量に製品をつくることを可能にしたし，その恩恵を被る層もかつてよりは広がっていった。たとえば労働者階級だって，洋服や下着を半年間，一度も洗濯せずに着っぱなしだったのが，3カ月に一回は洗濯するようになった。なぜなら，もう一着買えるようになったから。あるいは印刷・製本技術の改良で，新聞や本が安く手に入るようになって，それらに親しむ事務員や店員が増えた。

　こんなふうに，かつては想像もできなかった生活スタイルの出現や生活水準の向上は，人びとにとって驚きであると同時に喜ばしいことだったろう。けれども，誰もがそれを同じくらいたくさん享受できたわけではない。全般的に見

て，その享受が最も少なかったのは労働者階級だ。彼らは周囲を見渡して，自分の生活についてなにを考えただろう。社会についてどう思っただろう。どんな行動を起こしたのだろう。

2-4 労働者階級の要求と行動

19世紀の半ば（産業革命の起こりとされる時点から約100年後だ），労働者階級は相変わらず一日12時間とか16時間とか働いていた（法律はまともに守られていなかった）。もちろん子どもたちも，だ。6歳や7歳ごろからそうなので，30代から40代でほとんどの者が，身体が変形したり慢性病が悪化したりして働けなくなっている。

もし私たちが，この時代の炭坑夫（婦）や縫製工だったらどう感じるだろうか。おそらく「こんなのおかしい」と思うだろう。不正義を感じて当然だ，と考えるだろう。けれども，人びとは必ずしもそうはならない。というのも，比較対象がなければ，いまの生活が当たり前だと思い疑問を感じないからだ。なんかおかしい，と思うには，「隣町の炭鉱では一日12時間労働を10時間に減らそうとがんばっているらしい」とか「どこか北の都市では子どもは8歳になるまでは工場に行かなくてよくなったんだとよ」など，比べるなにかが必要である。

労働者階級がこうした比較のチャンスを得るには，旅行や出張などで見聞を広めており，かつ労働者階級にシンパシーのある人びととの接触や交流があるとか，新聞やパンフレットが入手できる，というチャンスが必要だ（その前提として，字が読めること，あるいは読める人がそばにいることが必要だ）。さらに，事態を変えようと思ったら，「こんなのおかしい。原因はこれこれだ。なんとか変えよう。そのためにはこうしよう」と，仲間や周囲の人びとに働きかけていかなくてはならない。

こうして労働者階級は，労働組合やサークル，協会などをつくって団結し活動を広げていった。彼らが要求したことは主に二つある。自分たちつまり成人や青年に関しては，一日8時間労働の実現と選挙権の獲得を，自分たちの子どもに関しては就労年齢のくり上げと一日8時間労働の実現，だ。そのため，野外集会や演説会，学習会を開き，小新聞やパンフレットを発行した。経営者や政治家のところに話をしに行った。交渉が決裂すればストライキを打った。ストを打った労働者はクビになるから，彼らの生活を支えるための資金を組合員

から集めて支給した。

　さて一方で，支配階級・上流階級の多くは，労働者階級を敵視していたけれども，なかには，労働者階級に悲惨さをもたらす社会への疑問を呈したり，改善のための運動や活動を一緒に展開したりする人びともいた。

2-5 支配階級の反応

　以上のような労働者階級の行動や要求は，支配階級にはどのように映っただろうか。一例を挙げよう。1831年，内務大臣メルボーン卿は，オックスフォード大学経済学教授と法律専門家に，状況報告書の作成を命じた。以下はその抜粋である。

> もし無辜にして勤勉なる労働者とその家族にして，その現に襲撃されている卑怯なる暴威に対して保護防衛されること［が］な［い］ならば（……）イギリスの産業，熟練，或は資本を永く維持しようと望むも徒労に過ぎない。
> 　　　　　　　　　　　　　　　　　　（Webb & Webb 1920/1968, 上巻 p. 143）

　ここに表されているのは，不遜で無知でがめつい，労働組合運動家などという一部の輩が，従順に黙々と働く労働者階級の男女・児童を，資本家の手下と化しているといって，暴力をともなって非難したり，あるいは争議を唆したりしている，そしてそれはイギリスの経済的ひいては国家的繁栄を妨げる大罪である，という社会観である。あなたはこの社会観に賛成だろうか反対だろうか？──思うに反対する人が多いのではなかろうか。

　でも，この時代の支配階級に生まれたとして考えてみてほしい。黙々と働いてりゃあいいんだと思っていた労働者階級の人間が，「神は人間を土くれからつくりたもうた，だからあんたがたもワシらもその点でみな同じだ，平等だ。選挙権があって当然だ」とか「われわれ労働者階級は，利潤のためにではなく生計と喜びのために働く権利がある」とか言いだしたならば，あなたはどう感じるだろうか。「ふーん，そうだね，そのとおりだ！　私たちが間違っていたよ。選挙権を与えよう。労働条件を良くしよう」と言うだろうか……なかなかそうはならないと思うのである。

　そうはならないのは，まずもっては理性（頭）以前の感性（心）の問題である。

立場の異なる者同士よく話しあって……などという理性の前に，体のいかつい男女がぬっと目の前に現れて，言葉遣いはわれわれと違って下品だけど，凄味を利かせてまくしたてる，いざとなりゃあこっちにだって，なんてセリフも吐けば，多くの人は身の危険を感じるはずだ。この人たちが社会ではばを利かせるようになったら，われわれはひどい目に遭うんじゃないか，へたすりゃ殺されるんじゃないか，と。フランス革命の生々しい記憶・記録も残り続けていたので，支配階級の面々に自己保存の本能が作動しても，当然といえば当然である。

　だから支配階級は全力で対処した。ストライキ実行者は即刻解雇して非労働組合員を雇い入れたり，ストライキの教唆だけで島流し（オーストラリア流し）の判決を出したり……。とはいうものの，支配階級も一枚岩じゃない。本章の2–3でちらりと示唆したように（72ページ），貴族・郷紳と産業資本家・経営者とは，利害が一致しないことも多々あった。貴族・郷紳が「既得権益」を守ろうとするから，それが産業資本家・経営者にとっては邪魔だ，とか。そんなとき，事務員や販売員や筋肉労働者に「貴族・郷紳の既得権益を放棄させる法律をつくれば，俺たち企業はもっと儲かって，君らの給料も増えるんだ」などと言って，彼らをたくさん味方につけて反撃したりした。高校の教科書的な復習をすれば，貴族・郷紳が保守党（トーリー党），産業資本家・経営者が自由党（ウィッグ党）だ。こんなわけで，さまざまな階級の利害と思惑が錯綜していた。

2-6 帝国主義的競争の展開と階級闘争の（一時的）沈静化

　ただし，ずっと工場の操業が止まったままだとか，暴力沙汰や小競りあいが絶えず社会不安が鎮まらないといった状態は，いずれの階級にとっても打撃は大きいし，これでは疲弊がひどくなるばかりだ。こうした事態を収束させなくては，と支配階級をはじめ多くの人びとをして強く思わしめたのは，このままでは経済競争にも戦争にも負ける——つまり帝国主義的競争に負ける——という恐怖感・危機感であった。

　帝国主義的競争は，国家レベルでの資本主義のビジネスに他ならない。いったん開始されたらずっと拡大路線でいかないと，よそに負けてしまう。会社の倒産は，経営者も労働者も困るが，税収が減る国家にとっても大打撃だ。だから国家は，産業振興に力を入れるし，植民地の争奪戦で負けないよう軍隊の強

化・拡充に取り組む。いずれも莫大な国家予算つまり税金が必要だ。

　こうした帝国主義の歯車がうまく回れば，国全体が豊かになって，階級を問わず全国民がハッピーになれるんだよ，だからストライキなどの騒ぎはやめにして，国民全員で協調していこう——この現実主義路線は，実に説得力があった。政府は同時に労働者階級とその支持政党である労働党と，選挙権拡大や労働条件改善の法改正といった「取り引き」をしていった。かくして帝国主義的競争になんとしても勝つという意識は，人間らしく働き暮らすことを要求していた階級闘争の一時的沈静化をもたらしたのである。

2-7　本節のまとめ

　ここまで見てきたように，帝国主義とはようするに，国家と経済の好循環を維持しようという発想であり，その維持の手段が，まずもって植民地の収奪（つまりイギリスをはじめ各国は他の欧米列強と熾烈なぶんどり合戦をくり広げた）なのであった。けれども，このあとの第5節で学ぶように，植民地の拡大に基づく国家と経済の好循環を維持することには，国民全員に教育を実施し，最低限の福祉も実施していかないと，実はうまくいかないという認識を，政府は徐々に深めていくのである。

　国家が責任を持って国民の福祉と教育を実施すること，これは，現代の私たちが当然視している「福祉国家」だ。してみると福祉国家は，帝国主義政策の延長線上に形成されたのである（表2–1）。私たちがその恩恵を被っている福祉と教育は，人間の権利を守り人間の潜在能力を伸ばすという啓蒙主義的理念のみならず，戦争と経済競争に打ち勝つという国家目標によっても，制度化（仕組みとして定着）されてきたことは，おさえておくべき歴史的事実である。それは私たちに「誰のための／なんのための教育か？」という問い直しを促すものである。

　以上本節は，産業革命期の社会変化から帝国主義の発展について確認してきた。こうした流れは，当時どのような教育方法や教育政策を生み出したのだろうか。続く第3〜5節で見ていこう。

第3節　大量生産方式でやる子どもの教育 [3)]

3-1 日曜学校

　第1章で見たように，産業革命ののち工場制機械工業が発展していくと，そこで働く大勢のおとな・青年・子どもたちが仕事を求めて都市に流入し，スラム街を形成していった。彼らの多くは貧困に縛りつけられたままで，その日暮らしが精一杯だった。そんななかで，彼らは酒を飲んで憂さ晴らしや喧嘩，暴動，犯罪をくり返した。

　こうした状況を目の前に支配階級が死ぬほど恐れたのは，治安が悪化して国家・社会がもたなくなることと，労働者がろくに働かないために生産のスピードが落ちたり工場が止まったりすることであった。いかにして治安と経済成長を維持するか。それが支配階級の至上命題であった。以下では，これを真っ先に経験したイギリスを事例に話を進めよう。

　さて，あなたがこの時代の支配階級であれば，こうした社会問題の解決をなにに求めただろうか――「問題は労働者階級の心構えや根性，無知にある。それを矯正しなくてはダメだ！」……というわけで支配階級は，不埒な労働者にならぬよう彼らの子どもを学校に送りこむ，という方法をとることにしたのである。

　当時の子どもたちは，おとなたちと同様あるいはおとなたちに交じって，土曜の夜と日曜日は彼らの流儀でエネルギーを「発散」しまくった。だからとくに月曜日は，遅刻や無断欠席，怠勤や労務災害が絶えなかった。安息日（キリスト教の神が休む日＝日曜日）にもかかわらずなんたることだ，良きキリスト教徒たるべく彼らを教え導かなくてはならない――こうして日曜学校（Sunday school）が設立され，またたくまに全国に広がっていった。

　学校というと，月曜から金曜ないし土曜まで毎日通う，そんなイメージをもつかもしれない。けれども当時の社会では，子どもたちは当たり前に，週日に働いていたのだ。児童労働なんてひどいよね，止めなくては。もしそれが無理なら，おとなよりはずっと短い時間にするべきだ――そんな発想はほとんどなかったのだ。週日の学校は，子どもたちの週日労働を妨げるから良くない，という考え方が当然だったのだ。

　ところで，「そうだ，『日曜学校』をつくろう！」と発案者が思いついたとき，

そこでは「学校」はどうイメージされたのだろう。というのも，歴史上それまでは，ほんの一握りの，エリート階級の子どもたちの学校しかなかったのだから，なににモデルを求めたんだろうという疑問が湧いてくる。当時は，「エリート階級と労働者階級の子どもとでは，やっぱり同じ教え方はできないよね。生まれが違えば能力も性格も違うんだから」と考えられていたし，エリート階級の子どもは家庭教師で一対一とか，少人数クラスでの授業だった。じゃあ，労働者階級の子ども向けの学校って？

　日曜学校のモデルは，教会そのものにあった。あれ？　教会の文化的権威や政治的権力は近代初期に低下しちゃったんじゃなかったっけ？──第1章第4節でまなんだように，たしかにそうだった。けれどもその精神的影響力は，依然として人びとの生活のなかで生き続けたのであった（いまでもそうである。キリスト教精神の染みこんだ社会では，人びとの発想は，さまざまなところで日本とは異なっている）。だから教会が，日曜学校のモデルになったのはごく自然だった。

　そこでは，教理問答書という，いってみれば『世界史一問一答』のキリスト教バージョンを，ひたすら暗記・暗誦する方法が軸に据えられ，これに多少の読み書き計算が加えられた。たとえば教師は「イエス・キリストとは何者か？」と質問する。ずらーっと座らされた子どもたちが，それに答える。「彼はずっとむかしロンドンの王様だった」などと答えを間違えたりしたら叱りとばされムチで叩かれた。

　それにしてもなぜ，このような方法が「労働者階級の子どもたちの教育に効果的だ！」なんて思われたのだろう。それは，キリスト教道徳を身につけることこそ，公序良俗をまもる従順で規律ある労働者たることの根幹である，と見なされていたからだ。だから先生も，子どもの教育に詳しいとか熟達しているとかではなく，「信仰心の篤い人」が選ばれていた。

　私たちは，こんなふうにムチで叩いて教えこんでも効果ないよね，と思うだろう。そしてまた，週一日しか学校に行かないのも，やっぱり効果ないよね，と思うだろう。カール・マルクス（Marx: 1818–1883）の支援者・友人であった工場経営者エンゲルスも同じ意見だ。彼は『イギリスにおける労働者階級の状態』のなかで，一週間もあいだが空いたら元の木阿弥，教育効果なんて全然ないと力説している（Engels 1845/1990 上巻, p. 216）。

　効果の低さへの反省もあって，日曜学校以外に週日学校（day school）もこの

時期につくられた。しかし、週日は（少なくともすべての日は）働く必要のない子どもでないと通えない。つまり、週日学校に出席したのは、相対的に恵まれた経済状態にある家庭の子どもたちであった。

3-2 週日学校と助教法

週日学校は週に何日もあるから、教理問答書や聖書をずっとやるだけだと間がもたないし、子どもたちをもっと無知から救わなくてはならないということで、読み書き計算の比重も大きくとられた。では、どうやって子どもたちを教えていたのだろう。

……というより、「教えられる先生っていたの？」とまず問うべきである。というのも当時は、教員養成学校・大学などなかったからだ。それまではかぎられたエリートの子どもたちを教える人がいればよかった。教員養成機関は、一定規模の人数を教えることになって初めてその必要性が意識されるものである。だから、大量の労働者階級の子どもたちを学校で教えなくては、となったとき、とにかく教えられる先生が全然足りなかった。先生の養成にも雇用にも莫大なお金がかかる。けれども、次節で詳しく説明するように、19世紀初頭のイギリスでは、「庶民の教育なんて国家が責任をもつことではない」と考えられていたので、政府はこれに予算を割いたりしなかった。基本的に民間団体（ここで「民間」とは「非政府」という意味であり、したがって教会なども含まれる）が自前で賄わなくてはならなかった。

金がない、じゃあどうする？　奇しくも、別々の地域に住んでいた二人が妙案を思いついた。牧師のベル（Bell: 1753–1832）と、教師のランカスター（Lancaster: 1778–1838）だ。曰く、よくできる生徒に先生の代わりをさせればいいのだ！そうすれば、教師の数も労力も、よって予算もずっと少なくてすむ。いみじくもベルは、「蒸気機関や紡績機の如く労力を減らし、成果を倍加させる」（Bell 1808, 岩本ほか（1984, p. 123）より重引）と述べた。そう、労働者階級の子どもの教育は、大量生産方式で行なうという「イノベーション」である。

大量生産で儲ける時代には、製品の品質はある水準に達すればそれで良い、という発想がより重要になる。「常に最高品質のモノをつくらねえと気がすまねえ」なんて職人気質のやり方でいたら、なかなか商品が完成しないし第一ものすごい値段になる。だから、大量生産方式を教育に「応用」するのは、どの

程度丁寧につくりこみをするかで差をつけるようなものだ。販売価格 7980 円のポロシャツと 980 円のポロシャツでは，糸始末ひとつとっても仕上がりが全然違う。たとえていうなら，前者が支配階級の子ども向け教育，後者が労働者階級の子ども向け教育だ。

　さて，よくできる生徒を助教生（モニター）に任命したこのやり方は，助教法（モニトリアル・システム）あるいはベル＝ランカスター・システムと呼ばれている。この方法と思想をもう少し詳しく見てみよう。ランカスターは 1805年の主著『教育における改善』のなかで，次のように説明している。

> 石板に書く綴り字の練習のときは，少年たちの活動はクラスの助教生によって（……）また臨時には先生によって検閲を受ける。（……）各々の少年は自分よりも上手にあるいはよくできた者の次の席をしめる。つまり少年たちの本分は他人を追いぬくことであり，その場合彼は上席をしめる。読み方の授業の場合も，各クラスの生徒は 1，2，3 から 12 までの番号札をボタンにつり下げる。もし 12 番の番号をつけた生徒が 11 番をつけている生徒より優れていれば，彼は 11 番の席についてその番号をつける。（……）1 番の生徒はまた，「賞」，「読み方賞」，「綴りの賞」，「書き方賞」などさまざまに書かれた一枚の革札をもらう。この名誉のバッジも，ほかの生徒に追いぬかれれば失う。
> (Lancaster 1805, p. 89)

　この説明から明らかなように（明らかでない人は具体的場面を絵に描いてみよう！），助教法は単にできる生徒に先生の代わりをさせただけではない。「生徒の本分［＝ business］は他人を追いぬくこと」，つまり競争を原理としている。この競争は，簡単に勝負がつくようでは面白くない（効果が薄れる）から，生徒たちは能力別クラスに分けられた。加えてランカスターは，子どもたちの名誉心，つまり，すごいって思ってほしいとか立派にやりとげる自分でありたいといった気持ちを動機づけに活用すれば，体罰を与えなくても意欲を喚起できる，とも述べた。

　教師が生徒をムチで叩かなくなるのは良いことだ，と私たちの多くは思うだろう。では，ランカスターは，「体罰は教育的に間違っている」と考えたのであろうか。どうもそうではなさそうだ。それよりも，教師が体罰なんていう労

力（コスト）をかけなくてすむという「経済的合理性」から，体罰よりも彼らの名誉心の活用をよしとしたのである。しかもその名誉心は，競争をあおることにもっぱら使われたのであった。

　教えられる教師の数が全然足りなかった時代には，こうした方法も致し方ない面があったかもしれない。けれども，やっぱり教育学的に考えてデメリットのほうが圧倒的に多かっただろう。その原因は単に方法のレベルだけではなく，その根底にある思想のレベルにも存在する。ベルは次のように強調した。

　　貧乏人の子どもに金のかかる方法で書き方や計算を教えることを提案しているのではない。……無分別な教育は，日常的労働の骨折りに運命づけられている彼らの精神をその身分以上に高め……不満を抱かせる……危険がある。大多数の子どもには，経済的計画の下にバイブルを読み，神聖な宗教の教義を理解することを教えれば充分であろう。

　　　　　　　　　　　　　（Bell 1808, p. 79，岩本ほか（1984, p. 123）より重引）

　これを読んで，いまの社会にはこんな非人道的な思想の持ち主はいないよ，とあなたは思うかもしれない。だが，それは過ぎ去ってはいない。専制国家の為政者や支配階級のことを思い浮かべてほしい。彼らは，上記の「貧乏人の子ども」に「女の子」をも加えていたりするだろう。グローバル化のこの時代，そんな国ぐにで育った子どもたちが，将来，あなたのクラスで学んでいるかもしれない。したがって助教法は，昔あったひどい教育の話ではない。このように，過去の教育を終わったものと見なさず，さまざまな角度から考えることは，あなたの判断の基準をしっかり確立することにつながるのだ。

　さらに筆者が，ランカスターの主張から喚起されるテーマとして面白いと考えることが二つある（テーマとは，議論（argument）のことである。つまり，真偽や是非や賛否が問われるもののことだ）。ひとつは「子どもの名誉心」，いまひとつは「競争の是非」である。

　子どもにだって名誉心がある，と指摘しているランカスターは，観察力の鋭い教師だったのだと思う。名誉心というのは結構複雑で，最も表層的なレベルには，単に名声がほしいとか周囲からすごいって言ってほしいという気持ちがあり，反対に，「名誉を重んじる心」のように道義心や自尊感情のレベルもあ

って，おとなも子どももこのあいだを揺れ動いているものだ。こうした子どもの名誉心に，私たちはどう向きあえば良いだろう。今日，子どもの自尊感情が欠如していて問題だ，としばしば指摘されている。じゃあ高めよう，という単純な話ではないはずだ。というのも，いま述べた，名誉心のグラデーションをどう考えたら良いのだろう。へたをするとランカスターのように，名誉心を競争に生かすことだけになってしまうかもしれないから，結構難しい。

　さてその競争である。競争は悪いことか？「度が過ぎた競争は良くないけれど，やっぱり競争心がないと厳しい社会を生き抜く力が育たない。競争はあった方が良い」。こんな意見の人が少なくないだろう。たしかに，人より優れていたい・負けたくないという気持ちは，一般的な人性（human nature）としてその存在を否定できないだろう。しかし筆者は，競争という仕組みを社会で作動させるなら，かなりたくさんの条件をつけなければならないと力説したい。少なくとも，次の三点を考える必要がある。それも，「度が過ぎるのは良くない」のような程度問題ではなくて，「そもそものあり方・仕組み」に関わる原理問題として考えるべきである。

　第一に，なにに関しての競争なのか。人びとが競争することによって社会的に達成できることは，実はごく限られている。だから，そこを間違ってはならない。

　第二に，これと関連して，「良い競争」の条件はなにか。「競争はあった方が良い」なら誰でも言える。大事なのはその先，切磋琢磨の仕組みを考えることだ。

　第三に，競争心以外の人間の原動力をどう大切にするか。みんなで一緒に楽しみたい，誰かを助けてあげたい，こうした気持ちが全体として弱まった社会は，殺伐として生きづらいだけではなく，たいそう脆い。だから，これらを十全に引きだす社会の仕組みや教育のあり方は，昨今，競争心の増幅が強調されがちなだけに，もっと考えられるべきだと思うのである。

3-3　週日学校の教育効果とそれへの批判

　ところで助教法は，まったくのムダであったわけではない。とくに週日学校に通った生徒たちは，一定程度の読み書き計算ができるようになったことは事実だからだ。しかしそれは，曲がりなりにも学校に通い続けられた生徒たちの

話である。教育史家のマッキャンによれば（McCann 1977, p. 47），19世紀初頭，ある週日学校生徒600人の離学理由を当時の資料で調べてみると，45％が労働や奉公，となっている（ちなみに25％が不明）。

　つまり学校を辞めた生徒の半分近くが，働くことがメインであって通学は「パートタイム」だったのだ。彼らの多くは，景気が良くなって人手不足が激しくなれば，「結構いい金がもらえるらしいぜ」と学校を飛びだしたであろうし，景気が悪くなって失業すれば，「やることねえから学校でも行くか」となっただろう——ただし，空きっ腹を抱えたままで。

　すなわち，どうやって労働者階級の子どもたちを教えるか，助教法が良いか悪いかといった教育内部の問題に加えて，児童労働をこのままにして良いのかという教育外部の問題があったのだ。こうした両方の問題を解決しようと精力的に活動していたのが，紡績工場主のロバート・オーウェン（Owen: 1771–1858）であった。

　彼の自伝によれば，上り調子の新興ブルジョアジーの家庭に育ったオーウェンも，実は助教生だった。そのあと徒弟として修業時代を送ったある洋品店では，好意的な店主が読書のチャンスをふんだんに与えてくれた。さらに長じては，文学者や知識人とも交流し，彼の人道主義・博愛主義を広げつつ，それを反映した教育思想を形成していった（Owen 1857/1961）。

　彼の教育思想の要点は，性格の環境決定論である。だから子どもは幼児期から一貫した正しい教育がなされるべきだ。6歳以下の子どもはダンスやお遊戯を楽しむべきであって，もちろんムチで打つなんてもっての他だ。7歳以上の子どもにだって，助教法は完全に間違っている。競争で縛るのではなくて，集団で楽しくまなばせるべきだ。またそもそも，10歳以下の子どもは労働が禁じられるべきである。オーウェンは，自分の工場で児童労働の禁止を実践し，工場法の普及・改正運動をひっぱっていた（表2–2を参照）。

　へええ，当時の資本家や経営者のみんながみんな，がめつく搾取していたわけじゃないんだ——そのとおり。だがオーウェンのような人物は超少数派であった。彼が人道主義・博愛主義的な運動を盛りあげるにつれて，ブルジョアジーはしだいにオーウェンを敵視するようになっていったのだ。彼らにとっては，安価で従順な労働力が手に入りさえすればよかったわけで，労働者階級が高度な教育をつけるなんて，身のほど知らず以外の何物でもなかった。

さてここで，イギリスからスイスに目を転じておかなくてはならない。というのも同時期，産業革命がもたらした社会変化への対応として，ペスタロッチ（Pestalozzi: 1746–1827）という名の教師が，片田舎で画期的な教育実践を展開していたからである。産業革命が庶民の生活共同体を破壊し悲惨な生活状態を生みだしたのはスイスでも同様で，ペスタロッチは貧困家庭の児童や孤児の教育に取り組んだ。その教育実践に基づいて彼は，子どもの直感と自発的活動，日常生活的作業と学習の結合を，家庭教育だけではなく，すべての子どもが通う小学校で行なう必要がある，と主張した。

　この主張が，助教法の教育思想を真っ向から否定するものだということがわかるだろう。つまり，助教法が子どもを「使える」産業労働力にすることをゴールとしたのに対し，ペスタロッチは日常生活での必要性から，その子に必要な学習を考えた。また，助教法が競争に基づく機械的な教えこみを特徴とするのに対し，ペスタロッチは子どもの主体性から出発した。さらに彼は，助教法の方針とは異なって，小学校にはすべての子どもが通うべきだと力説した。

　それにしてもペスタロッチは，なぜ，このような画期的な考えをすることができたのだろう。貧困家庭の児童や孤児の教育に取り組んでいる教師みんなが，こんなふうに考えつけるわけではない。実は彼は若いころ，ルソーの著書を読んで，強く影響を受けていたのである。

　ルソーは 1762 年の著書『エミール』のなかで，「私たち人間は弱いものとして生まれ，力を必要とする。私たちは，なに一つもたずに生まれ，援助を必要とする。私たちは，愚鈍なものとして生まれ，判断力を必要とする。生まれたときにもっておらず，大人になったときに必要とするすべては，教育によって私たちにあたえられる」と述べている（Rousseau 1762/1986, p. 11）。つまり，子ども時代をおとなになる前の必要悪的な単なる準備段階（子どもは自分で自分の世話ができず，力も弱く，一人前に稼ぐことのできない足手まといの存在である）と見なす当時の価値観に反論して，子ども時代が人間の発達にとって固有の価値をもつ，とルソーは提起している。

　以上から，ペスタロッチがルソーの影響を強く受けたという意味が理解されよう。ペスタロッチは，ルソーのこうした教育思想という地下水を汲みあげて，自らの教育実践に水やりをしたのだ。また彼は，一般の人に読みやすいよう自身の教育理念・方法を小説として書き残した。だからいまの私たちは，その地

下水を汲みあげることができるのだ。とはいえ彼の実践や主張は，当時は面となっては広がらなかった。ペスタロッチの学校は，妻と一緒に細々とした自営業のように続けられたのであった。

　以上が，18世紀末から19世紀初頭の教育である。公教育＝すべての子どもの学校教育に国家が責任をもつこと——は，まだまだ遥か彼方だ。続いて19世紀序盤から中盤を見ていこう。次節では，人の名前や出来事の名称や年号が若干増える。誰がいつ，なにをしたか，に具体的にふれるのは，それがないと，「なぜ・どのように」という大きな歴史の流れをつかむことが不可能だからである。表2–2（65ページ）のイギリスの列をノートに書きだし，その右隣に，以下に述べる教育上の出来事を書きこむことを薦める。

第4節　庶民の教育なんて国家の責任ではない

4-1 支配階級の社会観・人間観・教育観

　ところで，助教法という「学校モデル」の拡大を，政府はどう見なしていたのだろう。一言でいえば，かなり長いあいだ，「どうぞ，自由にやってください」という態度であった。私たちの「常識」からすれば信じがたいスタンスだ。日本でならば，教育行財政に関する法律や施行規則がきっちり定められているし，それに基づいて文部科学省は地方教育委員会に，地方教育委員会は各学校に「ああしなさい」とか「こうしたほうがいい」と指導・助言している。けれども前述したように，19世紀初頭のイギリスでは，「庶民の教育なんて国家が責任をもつことではない」と考えられていた。助教法を採用している週日学校に，政府が補助金（それも微々たる）を出すのは，後述するように，ようやく1833年になってのことだ。

　当時の支配階級にとって「本物の」教育とは，国家や州の政治・行政・裁判・軍事に携わるような上流階級紳士の子どもに施される「高尚な」内容を指していた。国家・社会を背負っているのは自分たちで，未来永劫，自分たちの子どもや孫がその使命を果たすのだ，そのためになされるのが教育だ，と考えられていた。

　だからそれとの対比で，庶民——本章第2節を思いおこせば，下層中産階級や労働者階級の子どもたち，いまなら小学校中学年から中学生くらいで，工場

での単純作業者や商店での下っ端の売り子になっていく子どもたちになにを施そうが，名誉と栄光に満ちたわれわれの世界には関係ない，と思われていた。それゆえに，こうした子どもたちに対する教育は，民間（産業界と教会）が勝手にやればよい，ただし，規律訓練や基礎的読み書き計算以上の教育は社会にとって有害だ，と見なされていたのである。

　ところがこうしたスタンスは，19世紀のあいだ徐々に変化していく。「庶民にも充実した教育を施すことが有効だ」，「庶民の教育も国家が責任をもつべきだ」へと変わっていった。公教育の制度化が進んだのだ。つまり，それまでは支配階級の眼中になかった子どもや青年たちが，みんな学校に行く（行ける）ようになっていった。この変化は，なぜ・どのようにして起こったのだろう。本節と次節は，これを明らかにしていく。

　本章の第1節で，このなぞ解きが大切なのは，現代の教育問題・教育課題の根底に，公教育の制度化の歴史が横たわっているからだ，と述べた。では，どんな歴史だろう。一言でいえば，それは「誰のための／なんのための教育か？」をめぐる，二つの本質的な価値観の対立の歴史であり，200年経った今日でも結着がついていない。私たちは，それぞれの理屈を深く味わってみる必要がある。現代の教育問題・教育課題に向きあうために。

4-2 支配階級内での思惑と取引

　くり返せば，日曜学校や週日学校は，政府からすれば自由放任の対象だった。これにはメリットとデメリットがある。メリットは，こういう法律があるから守れとか，こんど視学官（学校教育系の役人）が学校見学に行くだとか，そういう規則からの自由である。デメリットは金欠だ。授業料値上げや篤志家やブルジョアジーからの寄付によっても，やっぱり足りない。「今年は不況で会社も火の車だから出せないよ」と，頼みの綱の経営者がこぼしたからといって，学校が潰れてはたまらない。だから関係者は，政府に税金を投入せよと訴えた。

　前項で見たように，「庶民の教育なんて国家が責任をもつことではない」と思っていた上流階級が政府の要職をしめていたから，関係者はあの手この手で説得した。「職長の命令をしっかり理解できる従順で勤勉な子どもたちを，われわれは育成している。そんな子どもたちを雇えば，工場の生産性は上がる。生産性が上がれば企業が儲かる。企業が儲かれば税収も増大する」などと言っ

て。言われたほうは，心のなかでは「けっ，新興成金めが」と侮蔑していたかもしれないが，産業資本家の財力と勢いは無視しがたかっただろう。また逆に，彼らと手を組んで，さらなる権力の拡大と繁栄を目指した政府の高官もいただろう。

　かくして1833年，国家は助教法を活用した週日学校に補助金を出すことに決めた。お金を出す以上，各学校を監視・管理しなければならないので，担当役人を任命した。また続けて1839年，枢密院に教育委員会を設置した。こんなふうにして少しずつ，国家が庶民の教育に関与し始めたのである。とはいえそれは決して，支配階級内での思惑と取引だけで拡大していったのではない。次項で見るように，労働者階級による不断の教育要求という，国内に大きなコンフリクトを巻きおこした政治的・社会的・文化的活動もあった。

4-3 労働者階級の教育要求

　国家が庶民の教育に関わり始めたとすれば，関わり方のいかんが，教育の質や内容を左右する。労働者階級の目からすれば，それはとうてい満足のいくものではなかった。というのも，補助金が投入されてもたいていは，狭くて不衛生な教室での，機械的暗記，競争と体罰，絶対服従の訓育[4]……という状態のままだったからである。国家の関与が改善を保証するとはかぎらないのだ。

　だがなによりそれ以前に，子どもや青年たちが，教室にたどり着くまでにすでに疲れきっているということが大問題だった。くたくたになるまで工場で働いたあと，腹を空かせたまま学校に来ても，学べるわけがない。こうした労働者階級の主張はそりゃあ正論だ，児童労働を禁止し，青年の労働時間を制限する法律ができて当然だ，とあなたなら思うだろう。

　けれども当時の支配階級は違った。労働者階級は子どものころから工場や炭鉱でずっと働いていくのが「自然」で「運命」なのだから，最低限の就学を終えたらとっとと働くべきだ。まったく身寄りのない者だけは慈恵・救済の対象とするが，それ以外の者については，野垂れ死にしようがなんだろうが政府の知ったことではない，と考えていたのである。

　でもやっぱりそれはないでしょ？　とあなたは思うだろう。当時の労働者階級のなかにも，そう感じている人びとがいた。感じていただけではなく，それをまとまった考えにし，周囲に伝え，団結して要求しようと活動を始めた人び

とがいた。こうした人びとには，読み書き計算はもちろん，人前でわかりやすく話したり聞いたりする力量が必要だ。

　すでにあなたが理解しているように，当時は，「生まれ」で人生がすべて決まってしまう，そんな中世のような時代ではなくなっていたけれども，僥倖に恵まれたほんの一握りの人びとが，たゆまぬ努力のみによって教育を得た時代であった。そんな一人に，のちに労働運動の指導者となったハロルド・スネルという人がいる。1865年の生まれで，8歳か9歳で働き始めた。自伝『人々，運動，そして私自身のこと』に，彼は「食物と，雨露を凌ぐ住まいのための，激しい，絶え間ない闘い」と，その生活を描写している（Snell 1936, p. 6, Simon (1965/1980, p. 7) より重引）。

　学校は2〜3年だけ，極度な貧困と欠乏に縛りつけられた少年時代。だが彼は16歳のとき，ある都市の広場でブラッドローという世俗主義者の演説を聴いた。世俗主義者とは，教会（的価値観）による学校教育への反対者である。教会は，労働者階級や下層階級は，聖書の教えが理解できるだけの最低限の読み書きができればよい，あとは無辜・服従・勤勉（目上の人の言うことに素直に従い，黙々と働く）というキリスト教的徳目の叩きこみが絶対的に重要だ，と説いていた（前節の牧師のベルを思い出そう）。世俗主義者はそれに反対した。そうやって現状を肯定させて不正義を受容させるな，と。

　これを聞いたスネルにみなぎった力と希望は，どれほどだっただろう。体が利かなくなるまでずっと単純作業をくり返し，飢えに喘いで死んでいくしかない，と思う必要はないし，そんな運命を強いる社会，それを肯定する教会の説教や教育は間違っている，と自分と異なる地位・階級の他人から聞かされることは，どれほど衝撃的で感動的だっただろう。「人間の尊厳」という私たちが聞き慣れた言葉は，彼にとっては天啓だったに違いない。だから失業したスネルは，自己教育（self-education）を強く決意した。つまり，学校で誰かに教えてもらうことに頼らず（そんな時間もお金もなかっただろう），当時の進んだ文献を自ら幅広く読み進めた。「働き口を探すのに使う以外の時間はすべて，私自身の教育に当てられた」（Snell 1936, p. 47, Simon (1965/1980, p. 10) より重引）。

　この話を「刻苦勉励」「立身出世」の物語として受けとめるのは間違っている。もちろん，最下層から這いあがり「一廉の人物」になった人は他にもいた。けれどもスネルは，自分と同じ境遇にある人びとの幸福を実現しようとしたのだ。

「自分は貧乏だったけど，がんばったからここまでこられた。貧乏なままの奴は甘えているだけだ」と考えはしなかった。

　さて，このようにして人間の権利に目覚めた労働者階級とその支持者たちは，ストライキやデモ，集会などの行為に訴えるなどして（本章第2節），要求運動をくり広げた。具体的には，自分たちの子どもの就労年齢繰り上げと一日8時間労働の実現，行政の責任における世俗学校の設立，などである。

　面白いことに労働者階級は，自分たちつまり成人の教育に関しては，政府に学校をつくれとは必ずしも言わなかった。学校は自分たちの組合や協会で開くから，まなぶ時間を確保できるよう，一日8時間労働にしてくれ，と要求したのだ。あなたにはもう，なぜだかわかるだろう。支配階級や国家がまなぶべきだといってくる内容への不信・懐疑があったからだ。「わたしたち自身（ourselves）」でなにをまなぶのか決めようという文化的伝統が育まれつつあったのだ。してみれば，自己教育（self-education）は selves-education とでも表記する方が正確かもしれない。

　これは公教育とはなにかを考えるうえで，大変重要なポイントである。学習内容を決めるのは誰なのかという問題だからだ。それは，国家や支配階級だけではなく，他の人びとにも開かれたものであるはずだ。ここでは，労働者階級というある一定の共通性をもった人びとの必要や関心に，学習内容がどれだけマッチするかが問われている――本章第1節で議論した，公教育の国家性，開放性，共通性・共同性について考える題材になるという点で，この自己教育の文化的伝統は面白いのだ[5]。

　こんなふうにして，労働者階級による不断の教育要求活動が，支配階級内での思惑と取引とあいまって，国家による教育への関与は拡大していった。結果的に，教育・学校はどうなったか。かいつまんで述べると，貴族・郷紳という上流階級の子どもたちだけが通っていた古典的大学とパブリック・スクールは，上流中産階級（産業資本家・経営者の子ども）にも合うようにカリキュラムや入学方法が改革された。残りの，中層中産階級／下層中産階級／労働者階級の子どもには，税金と寄付金とで建てた初等学校が，階級に対応させて三分割でつくられた。また依然として，授業料は払わなければならなかった。初等学校だからといって無償ではなかったのである。なお，中等教育以降の機関は用意されなかった。以上は，1850〜70年代ころの話だ。

4-4「庶民へのより高度な教育は有害だ」という理屈

　つまり，上流階級と上流中産階級の子どもたちには，大学までの道が敷かれていたけれども，中下層中産階級と労働者階級の子どもたちは初等学校で終わり，だった。なぜ政府はそうしたのか。主な理由は二つある（以下，話を簡単にするため労働者階級のみを取り上げる）。

　ひとつは，社会的効率という理由だ。つまり，労働者階級の子どもたちは，炭坑や工場で働き続けるのだから，規律訓練や基礎的な読み書き計算以上の教育を施すことは単なるムダ，という考え方である。もちろん労働者階級は激しく反論した。教育を受けられる人をそんなふうに制限しているから，自分らの階級はいつまでたってもワーキングプアに縛りつけられたままなのだ，教育の権利と職業選択の自由が侵害されている，これは不正義だと[6]。

　政府の再反論はこうである。曰く，より高度な教育を受けたいという希望と，受ける適性・能力があるかどうかは別問題である。より高度な教育に適している人間はかぎられており，それは上流階級と上流中産階級に集中している（労働者階級の大脳の渦巻きは少ないので生まれつき知能が劣っている，なんてことも，まことしやかに語られていた！）。にもかかわらず，受けたい人は誰でも受けられるという普遍的な（ユニバーサルな）制度にしてしまうのは，バラマキに他ならない……以上が社会的効率という理由だ。

　もうひとつは，社会秩序の維持という理由である。本章第2節で論じたことを思い出してほしい。支配階級は，労働条件の改善や選挙権を求めて団結して迫ってきた労働者階級を前にして，この人たちが社会ではばを利かせるようになったら，われわれはひどい目に遭うんじゃないか，下手すりゃ殺されるんじゃないか，と恐れた。そんな彼らが教育で「知恵をつける」なんてことになったら，この恐れは現実になってしまうのではないか。

　前出の，労働運動の指導者スネルは，回想録でこんなこともいっている。

　　子どもとして私が見，経験した欠乏と世間の侮蔑の記憶は，いまでも，私の身のうちで少しもやわらぐことのない憤激を起こさせ，また，私は，私が身のまわりで被ったことの原因や，それに対する回復の可能性について知るずっと以前に，それを生み出し，それを弁護した制度を，決して消え去ることのない強烈さでもって憎悪したことに，感謝している。

（Snell 1936, p. 12, Simon (1965/1980, p. 8) より重引）

「決して消え去ることのない強烈さ」をともなった「憎悪」は，労働者階級の人びとの身体からにじみ出ていただろう。教育などを与えたら，この憎悪に油を注ぐに違いない，と支配階級の面々が考えたとしても不思議ではない。このような恐怖感は，国家を統べ経済的繁栄をもたらしているのはわれわれだ，堕落や誘惑に打ち勝ち，勇気と知恵をもって社会全体に奉仕してきたのだ，にもかかわらず奴らは分不相応にも，こうしたわれわれの高貴な世界に割りこもうとしている——という支配階級としての自負そして侮蔑とセットであった。

　以上のような深層心理を土台に，社会秩序の維持という理屈づけがあった。現行の社会体制・社会階級構造が続いていくのが望ましい。その混乱や転覆に必ずやつながる，労働者階級へのより高度な教育は社会的に有害だ。支配階級はこのように考えたのである。

第5節　国家が教育に本腰を入れた時期

5-1 国家が教育に本腰を入れたきっかけ

　前節で確認してきたように，19世紀序盤ごろまでは自由放任であった学校（初等）教育に，国家が少しずつ関与し始め，1850〜70年代ごろ，一応はその形式を整えた。もちろんこれでは，国家が教育に「本腰を入れた」とはとてもいえない。公教育の範疇に入れられたのは初等学校までであった。当時も中等学校はあったのだが，国家は企業立学校や教会立学校に基本的にお任せであって，その整備にはほとんど関与していなかった。

　とはいえ，1850〜70年代ごろの変化は，根本的な変化であることは確かだ。第1章で見たように，古代から中世，ルネサンスから産業革命期という，当時の人びとにとって一昔前までの，なんと数千年間，学校・大学は上流階級にしか関係なかったことを考えれば，そのことが理解されよう。

　こうした教育制度上の根本的変化は，最終的には国民全体を包摂するに至った。では，一体なにが原因でそうなったのだろう？　支配階級が己の非業を悔いた？　人道主義に目覚めた？　いや，そんな「美しい」話ではない。その原因は，ひとつには，労働者階級やその擁護者が諦めずに要求運動を続けたこと，

いまひとつには——こちらの影響力の方が大きかった——このままでは経済競争にも戦争にも負ける，つまり帝国主義的競争に負ける，と危機感を支配階級が抱いたことだ。

経済競争と戦争に勝つには国家が教育に本腰を入れなくては——その是非は別として，私たちにはこの理屈はわかりやすい。けれども当時の人びとにとっては実に新しい考え方だった。というのもそれまでは，経済競争と戦争に勝つには，国内では農民や職人や土木作業者をこき使い，国外では植民地をぶんどれば（支配階級が軍隊を指揮する）よかったからだ。ところが，産業革命を弾みに技術革新が飛躍的に進み，近代的な工場組織や商事会社が発達すると，こうしたやり方は通用しなくなっていった。戦争に勝つには「優秀な」兵器が必要で，それを製造できる優秀な人間が要る。イギリスの支配階級がこんなことを痛感したのは，実は第一回万国博覧会（1851 年，ロンドンにて開催）だった。

万国博覧会は，自国の興隆を見せつける場である。他国の支配者が「大英帝国恐るべし」と思えば，それは世界支配に有利だし，自国民が「わが大英帝国は立派なんだ」と思えば，それは現行体制・政権の積極支持につながる。第一回万博は，イギリスにとってその目論見が成功したことは事実なのだが，他方でドイツやアメリカが陳列した工業製品や機械装置の，イギリスを凌ぐ高品質ぶりを目の当たりにすることになったのもまた事実であった。

工業製品や機械装置の優秀さは，科学技術の優秀さである。科学技術の優秀さは，技師や熟練工の優秀さである。技師や熟練工の優秀さは，学校教育の優秀さである。そしてまた，会社組織の優秀さを支えるのは管理職や事務職の優秀さである。下級事務職員の教育水準の底あげが不可欠だ。わが国の会社がドイツ人の事務職員を雇わざるをえないのは絶対おかしい。だから，教育制度をしっかり整備するのが国の責任である。初等学校だけではなく中等学校もその対象にして当然だ。こうした考え方が優勢になり，「常識」となっていったのだ。

そこで政府は，1870 年，「フォスター教育法」と呼ばれる法律を制定する[7]。もちろん前述したように，労働者階級らの要求運動によって押された結果でもある。同教育法の内容をかいつまんでいえば，教育制度を整備すべく，税金をもっと投入しよう，公選制（学校委員を選挙で選ぶ）の学校委員会をつくってしっかりマネジメントをしよう，というものだ。

5-2 飢えた子どもたちの教育は不可能

学校委員会が公選制になったので，もちろん労働者階級の保護者たちは立候補した。自分たちの子どもは，こんなふうに教育してほしいという主張を，代表して述べ実行に移す権利がある，と考えたからだ。そして当選していった。彼らの主張のひとつに，教室や机，カリキュラムや教科書などの学習環境の整備以前に，腹を空かせたまま，病気・病弱のまま子どもたちを学校に行かせないよう手を打ってほしい，というものがあった。

イギリス北部のある工業都市の学校委員会に，マーガレット・マクミランという女性委員がいた。彼女は「飢えている子どもたちを教育することは不可能である」と，健康診断を含む詳細な実証調査を実施して訴えた。また，彼女が組織した市民集会で教師たちに語らせた——子どもたちは，景気が良いときでも夏場でも食事に事欠いているために，座席から滑り落ちて気を失ってしまう，と。

おそらくあなたがたの多くは，子どもの貧困をなくすのは国家・社会の責任であり，それがあってこその教育だ，というマクミランの主張に賛同するだろう。だが当時の支配階級の大多数は，これに反対だった。その理由は，両親の権威と責任を低落させるからダメ。つまり，子どもにご飯を食べさせられない親なんか子どもは軽蔑するだろうし，学校が給食を出すようになったら，労働者階級の親はそれにかまけてますます養育の責任を果たさなくなる，と。あなたはこれに賛成か反対か？（そうだ，そのとおりだ，と思うか，それとも，なにを言ってるのさ，と思うか……さあ，考えてみて！）

……と，これはひとまず措いて話を進めよう。1870年のフォスター教育法は，国家が教育に本腰を入れ始めた法律として位置づけられるけれども，子どもの貧困を放置したままという点をひとつとっても，それははなはだしく不充分なものだった，といえるだろう。

5-3「庶民に対するより高度な教育は有益だ」

ところが突如，国家が学校給食や学校健診に，がぜん積極的になるときが来る。そのきっかけは，ボーア戦争（南アフリカのダイヤモンド鉱を奪うべく，イギリスが1899–1902年にしかけた戦争）の徴兵検査で，下層階級・労働者階級の多数が，身体発育不良で不合格となったことだ。さらにそもそも，病気や心身障害

で検査会場に来られない人びとが大量にいることもわかった。これでは戦争に負ける──あなたもそう思うだろう。こうした危機感・恐怖感が，国家のギアチェンジを促したのであった。

　そこで国家は，学校給食や学校健診という福祉的側面の改善と並行して，初等教育を無償化する法律を 1891 年に制定，続けて 1899 年には中央教育局を設置し，国家統制を強化していく。どういうことかというと，このあと間もなく，1870 年にフォスター教育法で制度化された学校委員会が廃止されてしまうのだ。選挙で委員に選ばれた労働者階級の影響力をそぐために。

　以上のように，「経済競争や戦争に負けたらまずい」という危機感・恐怖感が，公教育の制度化のピッチを上げる強力な要因であった。この時期の欧米列強は大小の紛争・戦争を，世界中で続けていた。だからなおさら，富国強兵・殖産興業は至上命題であったし，それとの結びつきで「庶民に対するより高度な教育は有益だ」と評価されるようになった。

　かくして教育の対象者が，社会階級面と年齢面で飛躍的に増大した。学校に（ほとんど）縁がない階級の子どもたちが減少しただけでなく，より長く学校にとどまる子どもたちが増えたのだ。そうすると生じてくるのは，「こういうタイプの子どもたち，昔は中等学校にはいなかったなあ」とか「本人は勉強が嫌いなのに，タダになったんだから親は学校行けって言っている。そりゃあ，やる気が出ないよね」といった事態である。教えることの意味あいが従来とは異なってきて，新たな課題がどんどん見いだされるようになる。こうした意味で，国家による公教育の制度化は，20 世紀以降，今日に至るまでの教育問題・教育課題の起点となったのだ，といえよう。

　もちろん昔から，さまざまな人びとが，子どもたちになにをどうやって教えたらよいのだろう，と頭をひねっていたことは確かだ。ペダゴジー（pedagogy, 子どもに対してなぜ・なにをどうやって教えるか，についてのまとまった理論）はあったのだ。本章第 3 節で見た助教法もそのひとつだ。ところが，国家が責任をもって全国民を教育するなどという，かつては存在しなかった事態が生じると，教育の社会的な重みは断然変わってくる。世の中の関心が集中するポイントも変わってくる。

　つまり，それまでは，教育機会が不平等だ，それはおかしい，平等にせよという社会的公正の実現との関連で教育の重要性が主張されていたのが，公教育

の制度化が進めば進むほど，どうすれば効果的な教育ができるのだろうと，教育システム内部の問題に，より多くの視線が集中するようになった。次項で論じる「新教育」と呼ばれたペダゴジーは，教育に対するこうした社会的まなざしの変化のなかで，大きく広がった運動である。

5-4 新教育（進歩主義教育）

ここまではイギリスに焦点をあて，政治・経済・社会・思想・教育の絡みあった関係を見てきた。本項ではアメリカに目を転じる。時代的には19世紀終盤から20世紀序盤だ。アメリカは産業革命の後発国だが，この時期，ものすごい勢いで農業国から工業大国への変貌を遂げた。また，移民の吸収もあって子どもと青年の人口が急増し，公教育制度が急ピッチで整えられていった。イギリスから見れば，手ごわいライバル国の出現だ。

こうした社会変化のなかでアメリカの教育関係者も，目の前にいる大勢の多様な子ども・生徒たちに，なにをどうやって教えたらいいんだろう，と真剣に悩むことになった。苦心の末あみだした教授理論（ペダゴジー）には，「なるほど，よくそこまで考えたなあ。参考になるなあ」という知的刺激がたくさんある。逆にまた，限界もある。それらを味わってみよう。

もちろんそのような理論は，新天地アメリカで突如として湧きおこったものではない。アメリカ新教育の始祖といえるであろうフランシス・パーカー（Parker: 1837–1902）は，16歳で村の学校教師になり，その後，ベルリンに留学，ヘルバルト学派のペダゴジーを研究した。ヘルバルト（Herbart: 1776–1841）は，19世紀前半のドイツで活躍した教育学者だ。彼は，おとなが勝手に必要だと考えた諸教科を，相互の関連も吟味せず，しかも機械的に暗記を迫るような教え方（たとえば助教法がそうだ）は間違っている，と主張した。たとえば「地理学」「計算」「作文」という教科があったとして，それらは内容的にどうつながっているのか？　どの科目を中心に据えたら良いのだろう？　そういうことをきちんと理論づけなくてはならない，と述べたのである（＝中心統合理論）。

パーカーはさらに，「中心統合理論も大事だけど，まなぶ主体である子どもから見てどうなの，という視点が教育には不可欠だ」と考えた。諸教科が密接に関連したカリキュラムであったとしても，子どもの活動の性質や発達の仕方に沿っていなければ意味がない，ということだ（児童中心主義）。それはたとえ

ば次のようなことだ（以下は，筆者による例である）。子どもは探検ごっこをとお
して地理的世界の広がりを知る。ならば，教室の壁に掛けてある地図を見て地
名を覚えるのではなく，探検しながら地図をつくり，冒険物語を書いてみる方
がよい。その際，距離を測るから計算を，文章を書くから作文を学べる。計算
は計算，作文は作文のように分けて，教室のなかでやるよりも，子どもは心を
奪われるようにして取り組むだろう。こんなふうに，子どものありようを中心
におくのである。

　子どもがまなぶ主体だなんて，そんなの当たり前じゃん，とあなたは思うか
もしれないが，当時は必ずしもそうではなかった。なぜなら子どもは，おとな
が然るべき道徳や知識を注入しなければならない，未熟で欠損のある客体だと
いう見方が「常識」だったからだ。だから，教育関係者は，パーカーの主張を
「おお，すばらしい！　新しい！　なんと進歩的！　目からウロコだ！」と評
価した。「アメリカ新教育」「アメリカ進歩主義教育」と呼ばれているこの教授
理論・実践は，世界各国に広まり，日本でも「大正新教育」という運動となっ
た（129–130 ページ）。新教育は，子どもに対する 20 世紀的まなざしを方向づけ
たといってよいだろう。

　さて，パーカーと交流のあった哲学者・教育学者ジョン・デューイ（Dewey:
1859–1952）は，パーカーの理論は不充分だと指摘した。それは，「児童が中心
であることは絶対に大事だけど，教科内容は子ども本人だけじゃなく社会にと
ってなぜ・どう必要なのかを，もっと突きつめて考えなくてはならない」とい
う問題提起だ。

　これはどういう重要性をもつのか。それを理解するため，デューイがこのよ
うに主張した問題状況を整理しよう。つまり一方では，「生徒の興味関心・活
動を中心において，その全面的発達を目指すべきだ」とする児童中心主義が，
もう一方では「社会に適応できるよう，社会で必要な内容を効率的に学べるカ
リキュラムが大切だ」とする教科中心主義が唱えられていた。デューイは，児
童中心主義も大切だけど，教科中心主義の主張点も等閑視（スルー）してはい
けない，と述べたのだ。

　たとえば，こんな例を考えてみよう（筆者による例）。果樹栽培に関心があり，
それに基づく農業について一生懸命学校で勉強した。座学も実習もこなし，果
樹栽培に関しては「プロ」と呼べるくらいになったし，人びとと協力して仕事

をするのも得意になった——ところが，果物は近隣諸国からの輸入の方がずっと安い。国内では，工業化の波がこの農村地帯にまで押し寄せてきた。農業をやっていたのではジリ貧だ。工業技術を学んだ方が食っていけるし，社会により必要とされる人材になれる。

　この例で示したように，「学校を終えて社会に出たとき，現実の社会にとってその子はなに？　その子にとって現実の社会ってなに？」という問いに必ず突きあたるのだ。その子が学校でいかなる発達（すくすく？　でこぼこ？）を遂げようとも，社会との葛藤や矛盾を避けて通れるわけではない。いや逆に発達するからこそ，葛藤や矛盾が膨らむのだ。だから，児童中心主義と教科中心主義はともに不可欠で，どうしたら両立するのかを，教育学はもっと深く追究していかなくてはならない。

　デューイがこの主張を強めたのは，第一次世界大戦の半ば以降だ。当時のアメリカ社会は，保守反動の傾向を高めていた。格差や人種差別が深刻化していたアメリカ社会・政治体制を批判する人びとが，非国民呼ばわりされた。たとえばニューヨーク州では 1917 年に忠誠宣誓法が制定され，現行政治体制に反対意見を述べた公立学校教師が追放されていた。

　子どもたちが，そんな社会に出ていくのであれば，教師は知識やスキルを上手に教えるだけでよいのだろうか。子どもたちは，どんな社会的価値を抱いていけばよいのだろう？——と，教師はもっと真剣に考えるべきではないか。一方で教科中心主義者は，こうした緊張感のある問いかけを失っている。高度化した化学と物理学への社会的需要が高まっているから，学校でもその基礎をもっとしっかり教えるべきだ——しかし，技術者になって毒ガスや爆弾の製造を命じられたらどうするのか。他方で児童中心主義者も，子どもの興味関心を喚起し，主体性を育むことだけに集中している——だが，なんのための主体性なのか。経済競争や戦争になにがなんでも勝つことに向けて発揮される主体性って，オーケイなのか。

　基本的には児童中心主義者であるデューイだが，教科中心主義にせよ児童中心主義にせよ，学校の外側を見ないままの教育実践・理論構築に対して非常に手厳しかった。歴史の進行は，社会に進歩と博愛が増すことを保証はしない。だから，デューイのこの厳しさは，現代に生きる私たちにも向けられているのだ。

5-5 本章のまとめ──「現代公教育」のために

　以上本章は，産業革命後の社会変化から帝国主義への発展を確認したうえで，18世紀末から20世紀序盤のイギリスとアメリカに焦点を当てて，公教育が制度化されていく歴史を概観してきた。問題は多々あれど，曲がりなりにも全国民（本当なら，「国民」とはなにか，も再考されるべきだが）に教育の権利が保障されることと合わせて，子ども・生徒の教育は，おとなの恣意や思いこみや宗教的情熱ではなく，彼らをまなぶ主体と見なしたうえで，実践と研究に基づくべきだと多くの人びとが了解するようになったことは，大変うるわしいことである。

　それにしても，教育がほんの一握りのエリートのものであった時代から，国家が責任をもって国民を教育する時代になるまでは，さまざまな人びとの営みが，なんと分厚く重ねられてきたことだろう。私たちがこの公教育の制度化の歴史から学べることはたくさんあるが，ここでは二点に絞ってまとめておこう。

　一つめは，経済競争に負けるという恐怖感・危機感から，国は公教育の拡充に本腰を入れてきたという事実に関係する。現代の日本も同様で，子どもたち・生徒たち「みんな」の「学力」を上げなくては日本は国際的競争に負ける，と多くの人が主張している。私たちは，この主張の妥当性と影響力について，よくよく吟味しなければならないと思う。

　そのさいの重要ポイントは，「総力戦」的経済であった20世紀とは異なり，21世紀のビジネス・モデルは，人口（国民）の一部しか労働力として必要としていない，ということだ。言葉を継ぎ足せば，使い捨て労働力とそうでない労働力に分化されている。したがって，「みんな」の「学力」が上がったとしても，食っていけるだけの仕事に「みんな」がつけるわけではない。しかも，「国家は国民をリストラできない（してはならない）」と菅直人元首相がかつて力説したけれども，借金漬けのこの国は，社会保障という命綱をどんどん細くし，かつ渡すべき人を減らしている。

　こんな経済・政治が土台にある社会だからこそ，保護者をはじめおとなは「子どもに教育をつけてあげて，賢くて優秀で強い人間にしてあげたい。あるいは，とても個性的ですばらしい人格と，それから勉強もせめて半分から上，という学力をつけてあげたい。この時代，それしか生き残る道はないんだから」と思って過剰な期待を学校に寄せ，子ども・生徒は「そうかも……」とプ

レッシャーを背負い，おそらくそこで抑圧した息苦しさの一部がイジメに出ており，教師は「子ども・生徒を預かるわれわれの責任は重い。とにかくがんばり続けるしかない」と無理に無理を重ねてしまっている……のだと筆者は思う。

　しかしこれでは，負のループをぐるぐる回っているだけだ。しかも教育が，そのためのターボ・エンジンになってしまっている。でも，教育はこんなことのためにあるのではないはずだ。ならば教育は一体，誰のため／なんのためにあるのだろう。教育は，人間にとってなんであり，社会とどうつながっていけばよいのだろう——あなたには，こう問い続けてほしい。教育的関心が高まるのは本当に良いことなのだろうか，というラディカルな問いを発したうえで，考えを深めてほしい。

　学べることの二つめは，公教育の目的をめぐって，本質的に対立する二つの価値観がある，ということである。つまり一方には，公教育は社会秩序の維持と国家・経済発展のためにあるという価値観，他方には，公教育は人間の解放・潜在能力の発揮のためにある（それは人間の権利である）という価値観が存在している。単純化を恐れずにいえば，支配階級が前者を，労働者階級が後者を主張してきたわけだ。みなさんのなかにはどちらかに軍配を上げる人が多いのではなかろうか。けれども，そのような二者択一で終わらせてはならないと思う。なぜなら価値観の二者択一は，思考停止をゆるすので楽だからだ。

　人間解放・潜在能力発揮のための公教育，という価値観は実に魅力的である。だから，「君の可能性（潜在能力）は無限だ」といった言い回しが好まれる。なんだか元気をもらえる気がする。でも常にそうだろうか。というのもこの言い回しは，教育的プレッシャーに転化しかねないからである。「君の可能性（潜在能力）は無限だ」は，あっという間に「だから努力しよう，がんばり続けよう」になってしまうし，直線的で一方向的な発達観を喚起しがちだ。それで良いのだろうか。たしかに，潜在能力の発揮は人間の権利だけれども，「潜在能力を伸ばす？　あたし，もういいです……」と言う自由もまた，私たちにはある。ところがそんな自由をゆるさないような圧力，つまり「強い個人」を強いてしまう危険性が，人間解放・潜在能力発揮のための公教育という思想には潜んでいる。いまの学校や社会がどこか息苦しいのだとすれば，この危険性が充分に認識されていないことも原因のひとつなのではなかろうか[8]。

　公教育は社会秩序の維持と国家・経済発展のためにあるという価値観（保守

主義の思想のひとつ）は，それが人間の自由を抑圧し，誰か特定の人びとのみを利するよう機能するのであれば，それは不正義といえようが，保守主義の根底にある人間観には，もっと注意が払われてよい。つまり，人間は習慣と惰性の産物であり，やはり楽をしたいし易きに流れがちである。だから人間は，そんなに簡単に変わるものではない。「いろいろなことを，もっとちゃんとみんなで考えて決めよう」と言われると，「えー，民主主義なんて面倒くさい。誰か他の人が代わりにやってよ。私はもっと他のこと楽しみたい」と思ってしまう。たとえばこれも，通常の人性（human nature）である。

　公教育は社会秩序の維持と国家・経済発展のためにあるという価値観に向かって，「いいや，公教育は人間解放・潜在能力発揮のためにあるんだ」という価値観がぶつかっていくさまは，なんだかとても格好良い。けれども，この対峙の構図のなかで見えにくくなっていたのは，保守主義の冷めた人間理解と，進歩主義の思想がもつ性急さ（教育で人間を変えるのだ，というロマンティシズム）だったのではなかろうか。

　以上で，公教育の制度化の歴史を終わる。それは19世紀序盤から20世紀序盤にかけての歴史である。本章の冒頭を思いおこせば，「おおやけ」には，国家性，開放性，共通性・共同性という三つの性質があった。本章で見てきたのは，国家主導で（＝国家性が強く出て）制度化されてきた公教育，であった。だが，教育が「おおやけ」であるためは，さまざまな立場の人びとに開かれていること（開放性）や，みんなで一緒になにかをすること（共通性・共同性）が，実際に大切にされていることが欠かせない。そうではない現実があることを，私たちは知っている。その現実は，歴史のなかでつくられてきたのだ。だから私たちには，公教育がこれまで歩んできた道のりの理解のうえに，「現代公教育」をデザインし実践する希望と責任とがある。

1)「社会階級（social class）」と似た概念に「社会階層（social stratification）」がある。両者はどう違うのか。専門的議論は非常に複雑なのだが，単純化を恐れずにいえば，前者はマルクス主義的な歴史観・社会観が込められているのに対し，後者は，必ずしもそうした捉え方をしない，という意味を込めた概念である。ただし本書では，両者を互換的に用いている。

2)「単線型システム」とは，進学専用の学校／就職専用の学校といった進路の限定・分岐を（できるだけ遅い年齢まで）取らないシステムのこと。「単線型システム」の対概念は「複線型システム」である。大日本帝国の教育システムは後者

であった。図 4–4（128 ページ）と図 4–5（132 ページ）を参照。

3) 以下，教育史の記述部分については，Simon（1965/1980）と岩本ほか（1984）に多くを負うている。

4) 「訓育」とは，英語で言えば，character building, moral instruction に相当する。つまり，知識やスキルを教えるという教授（instruction）との対比での，人格形成や道徳指導を意味している。

5) 学習内容を誰が決めるのか，という問題は実はプラトン（第 1 章第 2 節）にまでさかのぼる。古代ギリシアにおいては，一部のエリートが他の人びとを支配するのは当たり前とされていたことを思いおこそう。教育の目的は，支配者が統治を適切にかつ円滑に行なえることであり，そのため世界の秩序を数学的・論理的に理解することを目指した教育内容となっていた。プラトンのこの教育論は大きな影響力をもち，その後数千年にわたって教育が教科中心主義で行なわれてきたのである。しかし，第 1 章第 4 節と本章で見てきたように，産業革命後の西洋は，社会階級構造の急激な変動を経験し，それは労働者階級の権利意識の覚醒へと結実した。このことは，（教科中心主義の）教育は一部のエリート・支配階級のために存在するという支配的思想にくさびを打ちこんだ。このような，一般庶民の自己教育と労働運動・教育要求運動がなかったら，教科中心主義の教育を突き崩すラディカルな教育論——それが「新教育」（本章第 5 節）である——は，生まれていなかったかもしれない。

6) かつては当たり前と思われていたことが，なぜ，不正義だと認識されるように変わったのだろう——本章「2–4 労働者階級の要求と行動」を参照。

7) フォスター教育法は，農村部など教育未開拓だった地域も含めて，イギリス全土の子どもたちの就学を義務づけた法律である。1891 年に無償化されるまで有償ではあったが，施設の整備などには公費が用いられたことから，公教育の端緒とも捉えられている。

8) 発達（development）とは本来，多様な方向性をもっており，かつ，その速度もさまざまである。にもかかわらず，なぜ私たちは往々にして，矮小化された特定の（たとえば直線的で一方向的な）発達観を抱くのだろう？——このように考え方のルーツを探ってみることは非常に重要である。本節の文脈でいえば，なぜ「君の可能性（潜在能力）は無限だ」とつい言いたくなってしまうのか，ということだ。

第3章

近代化以前の日本の教育

　第2章まで，主として西ヨーロッパを中心に，公教育が成立し，発展してい
くプロセスを見てきた。教育には，コストがかかる。だからこそ，コストを支
払ってまですべての人びとに教育が必要であり，それを国（公）が保障する必
要がある，という理解に至るのは，第2章で見てきたように，啓蒙の勝利でも
なければ，歴史の進歩でもない。公教育は，教育を受け権利を行使したり利益
を享受したいと思う庶民と，庶民を教育することが自身の経営する企業も含め
た商工業の発展につながりメリットが多いというブルジョアジーと，帝国主義
をはじめとする国家拡大路線において庶民の教育が不可欠であるとする列強諸
国の政府とのそれぞれの利害関係の一致によって生まれたのである。だからと
いってこのことは，教育には意味がないとか国家の打算的な洗脳でしかない，
ということを意味しているわけではない。教育には，その背景も，機能も，実
施者の意図も，功罪含めさまざまな側面があることを理解しながら，教育とい
う営みを捉える必要がある，ということだ。

　さて，こうした西ヨーロッパと日本では，歴史の変遷は大部分を異にしてい
る。西欧諸国と地理的に離れた日本は，中国の影響を受けながらも独自の文化
を発展させてきた。そして，欧米諸国が帝国主義によってその交流範囲を拡大
する波にのまれるかたちで，鎖国を解いた日本は，その後急速に，欧米式の教
育を取り入れていく。

　本章では，欧米式の教育に日本が出会う以前（第1節），出会った直後（第2節），
その後（第3節）について，その社会の様相，文化的状況，そして教育の広が
りを見ていこう。

第1節　日本の歴史概観

　日本においても教育の歩みは，歴史の大きな流れのなかの一部である。そこでまずは，日本の歴史が一般的にどのように区分されているかを確認するところから始めよう。

　日本の歴史をどのように区分するかは諸説あるが，一般に高校の教科書までの区分に倣えば，表 3–1 のように分類できる。日本の時代区分には「近世（江戸時代）」という，欧米諸国の時代区分とは異なる区分があることに注意しよう。

　表 3–1 をもとに日本の教育の歴史を分けるならば，①原始から近世（江戸時代）まで，②近代（明治時代・大正時代，昭和初期），③現代（戦後〜）に大別することができる。それぞれを簡単に述べると，①は，中国など，国外の東アジアの文化の影響を受けつつも，日本に独自の教育システムが自発的に出来上がっていた時代，②は，西洋式の教育システムが輸入され国内に定着していった時代，そして③は，第二次世界大戦を経てアメリカ式の教育が導入され，日本で独自に展開していった時代，といえる。次項以降で，その詳細を見ていくことにするが，教育の歴史を考えるためには，その前提となる，人びとがまなぶ事柄やその土台，すなわち文化の発展の歴史を，まずは捉える必要がある。そこで，本節では，時代ごとにどのような文化が発展したのかをまず捉え，次いで，それらの文化を支えた教育の仕組みや特徴を述べたい。

表 3-1　日本の大まかな流れ

時代区分	原始時代	古代	中世	近世	近代	現代
世紀	〜3 世紀	3〜12 世紀	12 世紀末〜16 世紀末	17 世紀〜18 世紀後半	18 世紀後半〜20 世紀初頭	20 世紀〜21 世紀
元号	先史時代 旧石器時代 縄文時代 弥生時代 邪馬台国	大和時代 飛鳥時代 奈良時代 平安時代	鎌倉時代 南北朝時代 室町時代 戦国時代 安土桃山時代	江戸時代	明治時代 大正時代 昭和時代 初期（戦前）	昭和時代 （戦後） 平成時代
ヨーロッパの歴史	奴隷社会	キリスト教中心	ルネサンスと世俗化 大航海時代		市民革命・産業 革命・帝国主義	世界大戦・その後

第2節　古代・中世・近世の文化と教育

2-1 中国の文化の輸入

　江戸時代に至るまで，日本の文化は，中国や朝鮮といった大陸からの影響を強く受け続けた。その端緒ともいえる「渡来人」の存在は，日本の「国」の発祥よりも約2000年前から都市国家（殷）を形成していた大陸の豊かな文化を，日本にもたらしていった。たとえば漢字や仏教や儒教文化は，そのようにして日本にもたらされ，現在に至るまで広く日本社会に通底する文化となっている。

　渡来人は，遅くとも3世紀にはその存在が確認されていたが，大陸との往来による文化輸入が正式に制度化されたのは，7世紀初頭，推古天皇の時代に派遣された遣隋使だ。電気はおろか羅針盤も正確な地図もない時代に海と陸を渡っていくことは，並大抵のことではない。どれほど順調に進んでも片道半年はかかり，多くの人が，その道半ばで命を落としさえした。つまり，それだけの危険をおかしても大陸の文化を輸入することは価値がある，と当時の為政者たちは考えたのだ。

　そしてそれは，飛鳥時代後半に始まった律令制度や，遣隋使・遣唐使といった制度として結実する。遣隋使の中には，留学生（るがくしょう）という，大陸に渡ってそこに数十年居住し，仏教をまなびやがて日本にもちかえるという役割を担った僧たちが記録されている。このことは，すでに当時，仏教という学問をまなぶ専門家が日本にいたということ，そして中国の文化をまなぶための基礎となる識字力などが一部の人たちには養われていた，ということを意味している。歴史の始まりとともに，狩猟の仕方や稲の育て方といった生きるうえで不可欠な技術の教育は始まるが，そうした原始的教育を超えて，宗教や思想といった哲学的な内容を取り扱う教育が，この時代にはすでに始まっていたのだ。

　仏教の伝来は同時に，仏教にまつわるさまざまな文化をもたらした。たとえば寺院を建立する技術や，経典を読み研究する知識などである。これらは，やがて上流の支配階級らが信仰や教養のために学ぶだけでなく，政治的にも利用されていく。ヨーロッパの歴史と同様，日本においても，一部の上流階級がまず知識を独占し，政治を司るためにそれらを学んだ。

2-2 独自の文化の展開と政治的意味

　中国は，冊封体制[1]という形で，近隣諸国に強い影響力をもっていた。そのなかで日本は，この冊封体制に部分的に取りこまれつつも，強い支配を受けることなく，独立と自治を維持し続けることになる。そしてそれは，8世紀以降の，日本独自の文化の展開にもつながっていった。その典型例が10～11世紀に花開く国風文化である。

　国風文化では，従来の漢字文字に加えて，ひらがなの使用が確認されているが，その使途の領域は分けられていた。男性は漢字，女性はひらがな，という具合だ。

　なぜだろうか。男性を中心とした政治の世界では，中国にならって律法を原則とした官僚制度が整えられており，高度な読み書き能力が必要だったからだ。そこでは当然漢字が使用されており，漢字を使いこなせる者しか，政治に関わることはできなかった。そしてここに，能力の高い中・下位貴族にもチャンスがあった。彼らは，個別に家庭教師を雇い入れられるほど裕福ではなかったし，だから政治の中枢に最初から入るのは難しかったが，「大学寮」と呼ばれる官僚育成機関でまなぶことで，立身出世の道を得ることができた。中国の律令制度は，多くの知識と高い学力を必要とするものだったため，日本でも，家柄や財力だけでなく，実力で出世の道を残すことになったのだ。

　漢字がこのように出世をめぐる道具にもなっていたのに対し，女性が使用するひらがなの使用領域はあくまで，家庭や私的なことにすぎなかった。ひらがなの使用は，生活必需品ではなく贅沢品ともいえる教養として，身につけるものだった。

　有力貴族らは，なぜそんな贅沢をしたのか。それは，美しいひらがな文字を書き格調高い歌を詠めることが，出自の確かな財力を示していたからだ。顔を合わせることなく歌を詠み交わし合うだけで結婚が成立しえたのは，妻の実家の経済力をあてにしたい夫側と，婿の義理の親という立場から政治的な力をもちたい妻側，双方の利害が一致していたためである。その最たるものが，娘を天皇家に次々嫁がせた，藤原氏である。

　ここに，男性とは異なる新たな教育の仕組みが成立する。上級の女性貴族が経験した，下級貴族から教養をまなぶという仕組みであるたとえば紫式部や清少納言といった才女たちは，有力貴族の家で，やがて天皇に嫁ぐ定子や彰子の

家庭教師を務めたことで有名である。

2-3 武士政権下における文化と教育

中世に入ると，政治の中心は貴族から武士に移る。腕力や武力を求められる武士は，もともとは現代でいう警備員，低い身分とされており，辺境の東国（現在の関東）の開発を命じられた者も多かった。彼らはしかし厳しい時代を経験しながら次第に力をつけ，ついに鎌倉時代には，政治の中心に位置するようになる。この時代には，平安期までの政治謀略とは異なる，新たな文化が生まれた。その二大テーマは，軍記物などに描かれた戦いの記録の伝承であり，もうひとつは，急速に広がっていく仏教である。

こうした鎌倉時代の文化の大きな特徴は，文字をベースにしなかったことである。例えば平家物語などは，盲目の僧が琵琶法師として口伝し，人びとはそれを耳で聞きながら，武家の争いの歴史を学んだ。「祇園精舎の鐘の声，諸行無常の響きあり」から始まる平家物語が，七五調でリズミカルに響くのも，人びとが聞きやすくリズムとともに覚えやすいものに，口伝を経るなかで整えられていったからだ，と考えられる。仏教も，「南無阿弥陀仏」と唱えるだけで救われるといった，わかりやすくなじみやすい教えが広がっていった。他の者より優れていることを示すために，あえて五経などの難しい文献を学んだ平安時代とは，大きく事情が異なる。

口伝の文化では，文字の教育が不要だ。だからこうした物語は，当初は貧しくて文字をまなぶ機会に恵まれなかった，武士にも広まっていった。こうして武家文化においては，特別な教育機関を必要としない新たな文化と教育の仕組みが育っていった。

とはいえ，武家文化のあいだずっと教育機関が生まれなかったわけではない。武家政権とはいえ，政治情勢が安定してくると，必ずしも戦闘や訓練にばかり時間を費やさなくてもよくなってくる。鎌倉時代後期に建造された「金沢文庫」という図書館[2]や，室町時代に再建された「足利学校」[3]などがその例だ。足利学校の授業料は無料であったため，ここでまなぶために，志高い若者たちが，貧富に関係なく全国から集まった。彼らは学校に入る際に出家し，僧侶として学問にはげんだという。このように，もとが貧しい武士階級が実権を握ったからかはわからないが，必ずしも身分が高くなくとも，強い意志があれば，

一般庶民にもまなぶ機会があったのが，日本の中世の特徴の一つであろう。

2-4 南蛮文化の流入と世界地図の変更

　戦国時代，安土桃山時代に入ると，日本の文化を揺るがす画期的な出来事があった。ヨーロッパとの出会いである。

　それまでの日本では，自国の西側にある大国中国と，そのわきにある朝鮮半島，さらには南方にある台湾や沖縄（この時点では沖縄は日本に組み入れられていない）といった数カ国しか，外国として認識されていなかった。いってみればこうした東アジア地域だけで世界が完結していたのだ[4]。

　その東アジアの外側で，ヨーロッパ世界は大航海時代まっさかりであった。15世紀末にコロンブスがアメリカ大陸を発見し，16前半にマゼランが世界一周を果たしたヨーロッパは，アジアという世界も発見する。そして1543年，その道中で漂流したポルトガル人らが種子島（鹿児島県）に流れつき，鉄砲を日本に伝えたとされる。それ以降南蛮人と呼ばれたオランダ人，宣教師たちは，新しい文化を日本にもたらすと同時に，日本の人びとが思い描く世界地図をも大きく塗り替えることになった。

　安土桃山時代に描かれた南蛮屏風（図3-1）は，当時南蛮人として日本と交易したスペイン人やポルトガル人の様子を描いたものである。図の左側に描かれた異国風の建物は，当時の人びとが，ヨーロッパという未知の世界に想像を

図3-1　**南蛮屏風・左隻**（狩野内膳。16世紀末〜17世紀初頭の作品。神戸市立博物館所蔵）

めぐらしたことを表している。

2-5 江戸時代の文化と教育

　江戸時代は，1603 年に開かれた徳川幕府のもとで展開していく。江戸幕府の大きな特徴は，およそ 260 年にもわたる，安定した治世を生んだことだ。それまでの戦国時代が，今日の味方に明日は裏切られるかもしれないという戦乱続きであったこととは対照的であった。

　江戸幕府は，参勤交代制度や武家諸法度などによって，200 あまりの諸藩との間に，明確な上下関係をつくりあげた。そして，一方では反乱をゆるさない仕組みづくり（たとえば隔年で実施される参勤交代では，その諸費用を捻出するために，各藩主が財産を充分に蓄積できないようにするという側面があった）をとりつつも，他方で，それぞれの藩の政治は藩主の自由に任せるというように，バランスをとった政治を行なった。その結果，江戸時代には，一揆や島原の乱といった争いはあったものの，おおむね平和に過ぎていった。

　こうした時代になると，江戸幕府や各藩を治める武士たちに求められるのは，優れた武術・戦術ではなく，多くの家臣を従えて領内を治めるための知恵だった。上に立つ立場として，家臣らの反発を招かないためにも，高度な学問を修めた優秀な人物とみなされる必要があった。そこで藩主らは，儒学者や兵学者を招き，自らこれらをまなんだ。それだけでなく，家臣らにもこれらをまなばせ，目上の人を敬う儒教文化によって，秩序を保とうとした。

　藩主による家臣のためのまなびの場は，やがて，藩校として諸藩で見られるようになった。そして藩校を，幕府もまた認め，儒学，特に朱子学を正統な学問として位置づけた（寛政異学の禁（1790 年））。フランシスコ・ザビエルによって持ちこまれたキリスト教は，万人平等を唱えており，これは江戸時代の身分制度の考えとは反するものである。身分制度に基づく秩序が崩れることをきらった幕府は，年長者を尊び秩序を重んじる儒学・朱子学の思想を重視したのだ。

　さて，頑強な身分制度のあった江戸時代 260 年間の全体を通して，武士は支配階級として君臨していたのだが，だからといってみんながずっと豊かに暮らしていたわけではない。世襲制を基本とするため，下剋上の危機は本来はないが，長子以外の子どもたちは，家禄を継げず，自分の力で生きていかなくてはならなくなるからだ。一方で幕府も諸藩の領主たちにも，必ずしも跡取りとし

て生まれてきた子どもが優秀なわけではなかった。やがて，家柄や続柄がたとえ優れていなくても，優秀な人材を登用したいという状況が生じていった。藩校というまなびの場は，実力はあるけれども家禄を継げなかったり，貧しい下級武士たちに，勉学を通して出世するチャンスを与える場になっていったのだ。

藩校は，江戸時代の後半（1740年ごろ）には小さな藩にも普及し，幕末には，200を超える藩校が確認されている。代表的な学校として，昌平坂学問所（東京・湯島）や，日新館（会津），明倫館（山口・萩）などが知られており，こうした各地の藩校は，やがて明治期の「学制」によるその地方の模範的な小学校となったものも多い。

第3節　庶民の教育をめぐって

3-1 庶民の文化の発展と教育

前節まで，江戸時代に至るまでの文化と教育機関の発展を見てきた。ここで注意したいのは，江戸時代以前の教育機関はすべて，支配階級のための高等教育機関だった，ということだ。律令制度のもとに生まれた大学寮も，平安期に女性貴族たちに施された教養教育も，政治を司り世の中を支配する階級のための教育であった。

しかしながら江戸時代になると，かなり多くの庶民が，寺子屋という場所でまなび，読み書き計算という基礎教育を習得している，という不思議な文化的状況が生じた。これは世界的に見ても珍しいことだった。日本の江戸時代初期といえば，遠くヨーロッパでは，コメニウスが世界初の教科書『世界図絵』を出版したとして，大きな話題になっていたころだ。つまり，誰もがわかる教育や，年齢に応じた教育といったことは，理想論として描かれたばかりだったころだ。いったいなぜ，日本にはこのような庶民への教育の浸透が見られたのだろうか。

本項では，庶民の世界に焦点を絞り，人びとのまなびを見ていこう。

3-2 平安期から室町期までの庶民階級への文化浸透

庶民が一定の文化に触れてきたことは，万葉集（7〜8世紀）に収められた「防人の歌」からも確認できる。防人は，律令制下で庶民に課された役務のひとつ

で，辺境警備をすることだ。当時の辺境警備といえば，中国大陸や朝鮮半島といった近隣諸国から攻撃されないかを見守ることであり，日本の玄関になっていた九州北部（太宰府など）に配備された。当然交通手段はなく，徴兵された人びとは，遠くは関東から歩いて太宰府まで向かった。そして数年間海の向こうを眺めながら警備し，任務が解かれると今度は自力で地元に帰るように言われる。道も不案内で，多くの者は途中で命を落としたという。

　このような過酷な状況のなかで，防人たちは多くの悲哀の歌を詠んだ。「韓衣　裾に取りつき泣く子らを　置きてそ来ぬや　母なしにして」（服の裾に取りすがってなく子どもたちを置いてきてしまったんだ　母親もいないのに）といった歌には，当時の防人たちの置かれた悲惨な状況とその悲しみが込められている。

　古い時代であり，実際にはこれらの歌がどのように詠まれたのか，明確な史料はない。庶民が文字をある程度理解していたという説から，防人たちの言葉を役人たちが書き留め歌に整えたのだという説までさまざまである。ただ，自らの気持ちを言葉で表現し伝えていくという文化の素地が，少なくともそこには透けて見える。

3-3 仏教の浸透に伴う文化の拡大（鎌倉・室町時代）

　こうした素地がそれ以降の庶民の文化生活にどのように影響をしたかはわからないが，鎌倉時代以降になると，庶民をより一層文化や教育に結びつけていく歴史が展開された。それが，そもそも文字をあまり重要視しない，武家文化の発展だ。

　先に述べたように，武家文化は当初，口伝をその伝達方法としたため，文字をまなぶチャンスのない庶民のあいだにも広く伝わることになった。とりわけ大きかったのは，新しい仏教だ。鎌倉期に仏教は，経典を唱えるだけでよいという浄土宗や，さらには経典を唱えなくても信仰心をもっているだけでよいといった浄土真宗が広まったことにより，急速に庶民の間に浸透していった。信仰をもった人びとのなかには，僧侶となって仏典を学ぶものが出てきて，彼らはまなんだあとには人びとに仏典やその読み方などを教える教師の役割をも担うようになっていく。

　このことは，江戸期に入り，世界的にも稀とされる庶民の高い就学率や識字率につながっていった，と考えられる。

3-4 江戸時代に花開く庶民の文字文化

続いて，江戸時代の庶民の生活を見てみよう。

大きな戦争がなくなるということは戦乱で田畑が荒れたり，兵役で死亡したり，戦争のために大量の武器や食料が必要になって税が跳ね上がることが減るということであった。当時の政治の安定は，農業や工業の飛躍的な安定生産へとつながっていく。

たとえば，米や野菜といった農作物の生産が増え，それらの余剰生産物は商品として売買されることになった。こうした商業的な活動の発展によって，町人（商人）の活躍する場ができあがっていく。

経済活動が活発になるということは，経済活動を担う庶民としての町人らに，文字を読んだり金額を計算したりといった知識が必要になってくるということでもある。江戸の町を描いた当時の風景画には，店先に商品名や価格を表示していたと考えられるたくさんの看板や，店の名前などを示すのれんなどが，見られる。そこには漢字を含む多くの文字が描かれており，当時の庶民階級が，文字を読み書きすることができたことを裏づけている。

こうした文字文化は，他にも，災害や火事といったニュースを人びとに届けた瓦版などにも見られる。瓦版には，自然災害だけでなく，妖怪の物語や心中といった事件など，現代ならばワイドショーのように人びとの興味をあおる娯

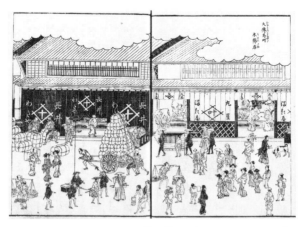

図 3-2　江戸の街並みと文字看板（『江戸名所図会』1 巻より「大伝馬町木綿店」。天保 5 〜 7 年（1834 〜 1836）刊）

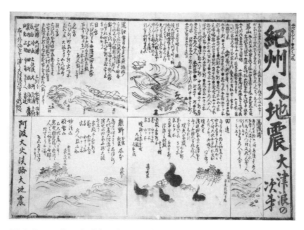

図3-3　瓦版　紀州大地震大津波の次第（嘉永7年（1854）11月に発生した安政南海地震の津波被害を記したかわら版。和歌山市立博物館所蔵）

楽性のある情報も載せられていた。

　時代を象徴するもうひとつの文字文化は，観光の始まりとセットである。江戸時代には，参勤交代を背景に，五街道ができるなど，交通路は大きく発展した。しかしその一方で，庶民は，引っ越したり旅行に行ったりといった移動を厳しく禁じられていた。移動すると税金が集められなくなるためだ。そのなかで唯一許されたのは，伊勢神宮へ参拝する「お伊勢参り」である。信心深さを表すという大義名分のもと，徒歩でお伊勢参りをした人びとは，その長い道中で物見遊山に興じ，温泉に入ったり，買い物をしたりする。日本の観光の始まりである。こうした体験は，やがて「案内記」と呼ばれるガイドブックとして刊行され，旅に出られない人びとも，案内記を読んで想像を巡らせながら楽しんだとされる。

3-5　都市部を中心に商売に必要な「手ならい」や「算術」の教育

　このように江戸時代の庶民文化に色濃く存在する文字を，庶民はどのようにして覚えたのだろうか。そのまなびの場となったのが，先にふれた，寺子屋である。

　寺子屋は，そもそもは僧侶や神官らが，近隣の子どもたちを集めて読み書き

の初歩を教える，簡易な初等教育の学校であった。やがて，僧侶らによるだけでなく，寺子屋で自らまなんだ者が長じて開くことも増えていった。藩校とは異なり寺子屋は，いってみれば私塾であって，幕府の統制を受けるものでもなかったため，寺子屋の教師らは自ら経営者でもあり，自由に寺子屋を開いていった。

庶民がまなぶ場であった寺子屋では，当然，授業料はごく安く，場合によっては無料のところもあった。授業料が払えないので，家でつくった野菜を授業料代わりに納めた，といったエピソードも残っている。教えるのは，いってみれば「近所の物知りのおとな」たちである。したがって教師たちは，もちろん「師匠」として尊敬されたものの，聖職としてみなされるような風土はなかった。

子どもたちは，読み書きが必要になり，かつ習得可能な年齢に達すると，寺子屋に通う。子どもによって発達は異なり，当然のことながら，寺子屋に通う子どもたちの年齢も，厳密なルールはなかった。たいていは6歳ぐらいから学び，ある程度の学習がすめば卒業する。卒業といっても明確なルールはなく，必要なことをまなび終えた子どもたちは，それぞれの家庭の事情に合わせて，家業にいそしむ。

ここでは当然のことながら，仕事に就いたときに必要な基礎的な知識・技能の習得が目指された。具体的には，それぞれの家業に必要な諸技術（たとえば商人なら商品の勘定の仕方など）の他に，読み書きそろばん，という基礎教育だ。その教科書となったのが，「往来物」と呼ばれる手紙の形をとった学習書だ。江戸時代には「商売往来」や「百姓往来」など，職業別の指南書などがあったことが確認されている。子どもたちは，往来物を読むことで，文字を覚えると同時に，生活の知恵や職業上の基礎知識，親孝行などの道徳をまなんだ。伊勢までの旅の様子を描いた案内記も，往来物として，子どもたちに親しく読まれた。

3-6 商業の発展とともに農村部に拡大

寺子屋は，都市部を中心に広く発展した。そして，経済の安定や生産物の向上に伴い，江戸時代の末期（1800年代）には，農村各地にまで広がった。

当時の貧しい農村地域における教育の実態を表すものとして，農村から始まった一揆連判状（廻状）がある（図3-4）。首謀者を伏せるために円状に同意者

や同意村の名前を連ね，中央には，一揆の目的を記したこの廻状は，貧困に苦しむ当時の農村地域において，すでに高い書字能力が習得されていたことを表している。

　また寺子屋は，統制されたシステムではないからこそ，かなり自由な展開をされていたと考えられる。徹底した男尊女卑の思想の時代ではあったものの，当時の寺子屋の様子を表した史料には，女子のまなぶ寺子屋や，男女共学の寺子屋などもみられる。

図 3-4　**わらだ廻状**（慶応 2 年（1866）福島県信達地方で起った世直し一揆の連判状。首謀の村を伏せるため同意した村の連盟は円状に記されている。福島県歴史資料館所蔵）

図 3-5　**巌如春「寺子屋」**（浮世絵，昭和 8 年製作。金沢大学附属図書館所蔵）

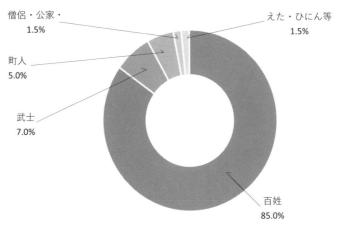

図 3-6　江戸時代の身分別人口比（総人口約 3200 万人。関山直太朗『近世日本の人口構造』を参考に筆者作成）

3-7　身分制度と庶民への教育

　ここで，江戸時代の身分制度を確認しておこう。刀狩以降，武士以外の者は，武士になるすべを失い，江戸時代には，身分が固定されるようになった。先に述べた移動の禁止なども，身分の固定に必要なことだった。当時の人びとは，その大多数が農民であった（図3-6）。

　本書でこれまでくり返しふれてきたように，教育は，階層の低い，しかし優秀な者たちが，まなぶことでその力を発揮し，立身出世をする，つまり生まれてきた階層よりも上の階層に移動することを可能にする，という機能をもっている。これは，身分の低い者，貧しい者にとっての希望であると同時に，支配階級にとってはリスクそのものでもある。だからこそ，世界中の長い歴史のなかで，庶民への教育は無視されてきた。ヨーロッパで庶民への教育の機運が高まったのは，フランス革命など，社会が非常に「物騒」なタイミングでもあった。

　ではなぜ，江戸時代には，庶民の教育が許されたのか。その要因はいくつかある。

　ひとつは，すでに身分が強く固定されており，庶民が反抗しても下剋上が起こる不安を，支配階級が抱かなかったことだ。先にふれた「農民一揆」は，農民たちの反乱であるが，彼らが手にできる金属類は農具しかなく，それは，刀

ややりや鉄砲をもつ領主らを脅かすことはほとんどなかった。

　もうひとつは，先にふれたように，一方で経済の発展によって貨幣経済の必要性が高まり，人びとが生活のために教育を必要としたことだ。

　そして最後に，当時の教育思想の中心が，身分の秩序を重んじる儒教だったことも指摘できる。儒教では，年齢，身分，性別における序列を強く意識する。したがって，寺子屋で読み書き計算のほか，父母や，お師匠さんや，領主様を大切にするといった道徳も，子どもたちはまなぶ。こうした思想をまなぶことは，支配階級にとっても望ましいことであった。

　一方でなのか，だからこそなのかは断定できないが，江戸時代のまなびの風景は，とてもおおらかなものである。当時の寺子屋を描いた図絵（図3-7）には，教室に集まった子どもたちが，一斉授業ではなく，個別指導を受けている様子が見られる。教室の端ではまなばず遊んでいる子ども，別の所では喧嘩をしている子どもたちがいるが，特に注意されているわけではない。儒教の厳しいしつけの中で，師匠への敬意などは教えられたと思われるが，それは必ずしも，厳しい規則のようなかたちではなかったようである。

　強制的にまなばされるわけではなかったが，だからといって子どもたちに，まなばない自由がそれほどあるわけではなかった。寺子屋が広まるにつれて，寺子屋は，当然行かなくてはならないものになっていった。当時の川柳には，

図 3-7　渡辺崋山「寺子屋図」（「一掃百態図」部分。文政元
（1818）年，田原市博物館所蔵）

「行きはしょんぼり　かえりは元気な子どもたち」と，学校の行き帰りで大きく様子の違う子どもたちの様子が詠まれている。

3-8 本章のまとめ

ここまでが，近代教育システムが導入される以前の日本の教育事情である。西欧諸国と同様，日本では，基本的には貴族や武士といったそれぞれの時代支配層が，支配によって，また支配のために，文化と教育を享受した。しかしそれだけでなく，非公式なかたちではありながら，昔から庶民には文化と接触する機会が多くあり，近世には，日本独特の教育システムが成立，多くの庶民が基礎教育を受けていたのである。そしてこうした教育の素地は，次章以降で見るように，驚異的なスピードで西洋式の教育を取り入れていくことを可能にしたのだ。

1) 中国の皇帝から近隣諸国に対し，国王の地位と自治を認めつつ，中国との従属関係に組み入れること。
2) 現在の神奈川県横浜市金沢区。
3) 足利学校は，その開始も諸説あり詳細はわかっていないが，古代から高等教育機関として機能してきたと推測されている。室町時代中期の武将上杉憲実が，再興に力を入れ，多くの資料を収集し，僧侶たちがここでまなべる環境をつくったことによって，足利学校は高水準の教育を行なうことができるようになった。
4) それ以前から，インドの存在を，一部の知識人階層は仏教を通して知っていた。しかし，インドやインド以西の諸国との直接の交流はなく，室町期までの人びとの思い描く世界は，あくまで東アジアで完結していたと考えられる。

第4章

日本の近代教育システムの誕生とその歩み

第1節　日本の近代化

　19世紀後半，日本は明治維新とともに「近代」に入る。それは政権の交代のみならず，生活様式や文化が一斉に西洋化するということであった。近代化とは，西洋化であった。怒涛の近代化の流れのなかで変更された教育システムは，当然ながら，教育の西洋化を意味していた。

　本節では，西洋的な教育システムがどのように導入され，それが日本のなかでどう位置づけられていったのかを読み解いていく。そこで，教育の近代化の考察に先立って，そもそも近代化とはどのようなことなのかを見ていこう。

1-1　19世紀後半の世界の状況（帝国主義と植民地支配）

　明治維新（1868）の15年前，1853年に，ペリーは黒船で浦賀に来航した。鎖国政策を続けてきた江戸幕府は，その後約15年間にわたり，外国との交渉というほとんど初めての経験に奔走し，また日本中がその是非に揺れ続ける。それは最終的に，1867年の大政奉還という形で幕を閉じ，次いで翌年から始まったのが，明治の治世である。

　日本側から見たこの出来事を，世界の視点から捉えなおしてみよう。第2章でふれたように，ヨーロッパでは，1851年にロンドン万国博覧会が開催されていた。そこで明らかになったのは，イギリスの突出した科学技術の高さだけでなく，イギリスの産業革命（1760–1830）から数十年遅れたフランス（産業革命1830–1860年代）やドイツ（産業革命1840–1850），アメリカ（産業革命1830–

図4-1　帝国主義時代の世界地図（黒塗り箇所はイギリス・アメリカ・ドイツ独・ベルギー・オランダ・イタリア・ロシアの支配地域（自国領土含む）。https://qr.paps.jp/Xc7md（Wikipedia「帝国主義」）をもとに筆者作成。

1880）といった諸外国の発展の速さでもあった。これをきっかけにさらにしのぎを削りあう欧米諸国は，やがて，自らを帝国としその支配力を世界中に拡大する，帝国主義時代に入っていく。帝国として「支配する側」に立ったのは，イギリス，アメリカ，フランス，ドイツ，ベルギー，オランダ，スペイン，イタリア，ロシアといったわずかな国々である。第一次世界大戦の直前には，これらの国が，地球の表面積の4分の1の面積を，自国の植民地としていたのだ（図4-1）。

　つまり，ペリーが来航した1850年代当時，欧米の列強諸国の植民地化政策は，アフリカ大陸，オセアニア，北米，南アジア，東南アジアへと及んでおり，日本を含む東アジアの独立自治は，こうした波の前に，風前の灯であったといえる。特に，アヘン戦争（1840–1842），アロー戦争（1856–1860）によって中国（清）が列強諸国の植民地と化すと，欧米諸国は，いよいよ日本をも呑み込もうとしていた。

　ここで，最初に日本の門戸をたたいたアメリカの状況を見てみよう。アロー戦争によって中国の支配権をイギリスとフランスに奪われていたアメリカは，日本を足掛かりにして，東アジアの覇権争いを進めたかった。こうした背景があって，アメリカは，日米和親条約（1854），日米修好通商条約（1858）と，立て続けに日本との交渉に入っていったのだ。

1-2 支配される側から支配する側への願望

　当然ながら当時の日本は，欧米の列強諸国にとって，侵略し植民地化する対象であった。それは，日本が列強諸国と結ぶことになった不平等条約にも表れている。

　しかしながらその後日本は，他のアジア諸国とは異なり，欧米列強の植民地になることなく，近代化を遂げていった。その奇跡的ともいえる独立維持の要因に関しては，諸説がある。たとえば，開国後すぐに欧米諸国が植民地化しなかったのは，幕府と天皇という二重政治体制が複雑で，介入しづらかったからだ，という指摘もある。またアメリカは南北戦争（1861–1865）に突入し，日本にさらに侵出するゆとりがなかったといった事情もある。

　いずれにせよ，1911 年，約 50 年をかけて日本は，関税自主権を回復し，不平等条約を撤廃するにいたった。その追い風になったのは，1904–05 年の日露戦争の勝利だ。1894–95 年の日清戦争に続いてのこの勝利は，50 年かけて日本が列強諸国に並ぶ「近代国家」であることを世界に認めさせたともいえる。

　いってみれば近代化の幕開けと同時に日本は「支配される側」に位置づけられたのであり，したがって日本の近代化の歩みはそのまま「支配する側」へ脱しようとする歩みだったともいえる。では，具体的にどのような流れと方法で，日本は「支配する側」へと立場を変えたのだろうか。

1-3 近代国家「日本」の誕生と西洋化

　まず確認したいのは，1850 年代，諸外国が日本に入ってきた当初，人びとは必ずしもポジティブに受け入れたわけではなかった，ということだ。当時日本はまだ江戸末期，武士が刀を差して歩いていた時代だ。そこに突然現れた見慣れない欧米人は，たくさんの軋轢やトラブルを引き起こした（たとえば「生麦事件」）。加えて，不平等条約という不利益な現実は，当然のことながら人びとにある種のアレルギー反応を引き起こし，攘夷のムードも生み出していった。江戸幕府が幕を閉じるまでの 15 年間は，いってみれば，このアレルギー反応を示す保守的な人びとと，好奇心や広い視野から欧米に憧れた新しいもの好きの人びととの対立の時間でもあった。

　そして，勝ったのは，新しいもの好きの人びとだった。だから明治政府は，その始まりとともに，積極的に西洋化に向かっていった。「文明開化」（1875）

や「脱亜入欧」(1887) といったスローガンのもと，太陰暦から太陽暦へと移行するなど，生活面でも西洋化を試みた。

　繰り返しになるが，近代化とはすなわち西洋化であった。西洋こそが進歩的であり，正義であり，目指すべきゴールだった。日本政府は，徴兵制度を設け，産業を興し，西洋的な手法で日本を国際的に強い国にしようとした。

　そのなかでも最も重要な役割を果たしたのは，廃藩置県だ。というのも，廃藩置県は，日本に住む人びとに「自分は日本人だ」というアイデンティティを生み出す仕組みだったからだ[1]。江戸時代，もちろん日本のトップは江戸幕府の将軍であり，幕府が諸藩を統制していた。しかしながら，各地域の政治は諸藩それぞれ自由であり，日本として統一された統治が行なわれていたわけではない。人びとにとって「お殿様」とは，自分の属する藩の城主のことだった。そのお殿様に年貢を納め，お殿様からの命令に従いながら生きていた。つまりこの時点での日本は，国民国家ではなかったのだ。廃藩置県によって，各地域の自治力が弱められ，明治政府が全国の庶民にとってもトップとなったときに初めて，人びとは，「自分たちのトップは天皇と明治政府であり，自分たちの日本がもっと近代化し強くなる必要がある」と考えるに至ったのだ。

　こうした意識改革がどこまで成功したかはわからない。しかし実際に庶民は，日本人として，外国の文化に刺激を受けた。横浜や神戸にはレンガ造りの建物が並び，人びとはドレスをまとってダンスホールに通い，「散切り頭を叩いてみれば，文明開化の音がする」といった都々逸まで流行した。多くの人びとにとって，西洋化は憧れであり，最先端のトレンドになった。

1-4 西洋化の一環としての教育の近代化

　明治政府は，多くの西洋化政策の一環として，教育改革に取り組んだ。明治政府の発足時にその基本方針として出された「五箇条の御誓文」(1868 年) には，早くも，身分に関係なく誰もが教育を受けられるという，公教育の基本的な理念が示されている[2]。さらにそこから 4 年後，1872 年には学制が発布され，日本全国に小学校・中学校が生まれる。当時，欧米諸国は，急速に必要になった「多くの人たちへの効率よい教育」としてベル＝ランカスター・システムを基本にした公教育がそれぞれの国ごとに新しい形へと展開を遂げつつあった。その象徴ともいえる 1870 年のフォスター教育法 (イギリス) は，「すべての国民

の初等教育に国が責任をもつ」という公教育の世界初の誕生を表している。それからわずか2年後での学制の発布は、日本政府がいかに欧米諸国に追いつくことを熱望していたかを、よく表しているといえるだろう。

　学制で公表された教育制度は、次の2点の特徴があげられる。

　一つめは、身分の区別なく元武士も元農民も同じ教育制度のなかに位置づけたことである。江戸時代の強固な身分制度に慣れてきた人びとにとってこれは、常識を覆すことであったはずだ。欧米では、身分の区別なく誰もが教育を受けられる仕組みをつくるのに多くの時間を要したが、日本は、こうして出来上がった教育システムをそのまま輸入したからこそ、可能になったことだ。

　二つめは、既存の教育制度（寺子屋など）を完全に遮断し、まったく異なる新しい制度を導入したことである。これによって、長い時間をかけて日本で醸成されてきた自発的な教育の文化は、費えることになる。

1-5　西洋式の教授法の導入

　では、このとき西洋式の教育はどのようなものだったか。

　明治初期の小学校の教室の様子（図4-2）からは、次のことが読み取れる。寺子屋（図3-7）と比較してまず大きな違いは、一斉教授を行なっている、という点だ。文部省（学制の前年に設置）は学制発布後すぐに「小学教則」を公布し、小学校における教科課程および教授方法の基本方針を明らかにしている。そこでは、教科ごとに、学習内容を学年で分けたり、使用する教科書の基準を

図4-2　小学入門教授図解
（西洋建築の教室で一斉授業を行う近代教育における授業の様子。文部科学省ホームページ）

指示するなど，現代の学習指導要領にも近いものが示されている。各自がそれぞれのペースで個別学習を行なっており，当然「時間割」も存在しなかった寺子屋時代とはまったく異なる教育スタイルの導入だった。

　一斉教授の授業は，一度に同じことを多くの人に教えることができるという点で，効率がよい（第2章でふれた，産業革命期の大量生産方式に端を発している）。しかしながら，読み書きさえできれば誰でも教えられるというものではなく，一斉に教えるための技術が必要になる。明治政府は，アメリカ人のスコットに依頼し，その技法を日本の新しい教師たちに習得させることにした。そしてこのスコットが，近代学校の第一の性格ともいえる，学級教授法をはじめて取り入れたのである。当時アメリカはすでに近代学校の教育法を普及させ，学級教授法はあらゆる学校において経営の原則として採用されていた。

　スコットによってわが国に導入された新教授法には，当時アメリカで盛んとなっていたペスタロッチ主義の実物教授法（object lessons）3) が含まれていた。図4-2からは，文字と絵を組み合わせながら，問答という新技法で取り組む学習の様子がうかがえる。しかしながら残念なことに，当時の日本は，こうした教授法をかたちだけ輸入してくることはできても，その本質を正しく理解するまでには至っていなかった。公教育が充分に根づくには，まだもう少し時間が必要だったのだ。

1-6 「西洋化」の実態

　ここまで「西洋」と一括りに述べてきた。しかし，西洋諸国の教育を丁寧に見れば，それは国ごとに大小さまざまな違いがある。それは，いってみれば，公教育をそれぞれの国がつくりあげていった，歴史の違いでもある。

　けれども日本は，そうした背景をもって出来上がった「西洋式教授法」を，バックボーンなしに輸入した。それゆえ，前項で指摘したように，形式的には公教育が成立しても，教授法の本質が充分に咀嚼され，日本に合うかたちに整えられるにはまだまだ時間が必要だった。

　要するに日本は，イギリス，アメリカ，フランス，ドイツといった国の仕組みを，充分に理解し内面化することなく，ごった煮のようなかたちで導入したといえる。たとえば，学制の発布においては，学区制がとられているが，これはフランスの教育制度を参考にしている。同じ時期に，教育法に関しては，上

に述べたようにアメリカ人のスコットを招聘している。学制がわずか 7 年で撤回され、新たに設けられた教育令は、これもアメリカ人のマレーが立案した。また医学所では、ドイツ人医師らを招聘したため、現在に至るまで、日本の医学界はドイツ医学の影響が大きい[4]。当時は多くの留学生を海外に派遣していたが、その派遣先もまた、かなりばらつきがあった。

日本の教育の近代化は、いってみれば、二つの側面で「節操のない」ものだった。ひとつは、それぞれの教育の哲学を吟味せず、「西洋」とひとくくりにしたという面で。もうひとつは、それらを日本に固有の歴史の中で丁寧に位置づけることなしに、という面で[5]。その結果、寺子屋を基本とした庶民のための安価で生活に根づいた教育の仕組みは、ほとんど姿を残すことなく、消え去っていった。

第 2 節　教育のさらなる改革

2-1 教育制度の改革と就学率の向上

それまで地域に根差していた教育の仕組みとほとんど完全に切り離して行なわれた、急ごしらえの「学制」は、当然のことながらすぐに機能したわけではない。学制公布の 2，3 年後には、欧米式の教育の形式的な導入が批判され、小学教則は撤廃された。これは事実上、学制の廃止であった。その代わりに新たに発布された教育令（1879）、小学校令（1886）と、各地域の教育状況などに合わせて、少しずつ調整されていった。

しかしながら、そうした諸改革にもかかわらず、数年の間、人びとは自分たちのために作られた学校に、子どもたちを通わせようとしなかった。その理由のひとつは、高額な教育費だった。公教育とはいうが、当初は授業料がかかった。小学校で、一カ月 50 銭、これは当時の 20 日分の食費（1 人あたり）に相当したという[6]。

もう一つの大きな理由は、庶民にとって、突然上からの号令で始まった教育制度は、その意義や必要性のないものだったということだ。そもそも江戸時代までは、町中でも 10 歳ごろには、農村地域ではもっと早い時期から、子どもたちは家計を支える重要な労働力であった。したがって、そうした子どもたちをわざわざ学校に預けて教育を受けさせるということは、庶民には理解しがた

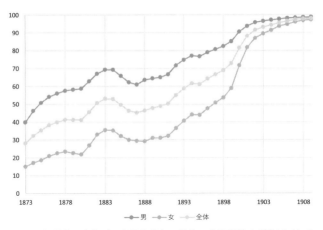

図 4-3　就学率の変化（小学校就学率の推移。文部科学省『学制百年史』
をもとに筆者作成）

いことであった。寺子屋が農村地域で発展したのは，安定した政情のなかで商
人らに文字文化が浸透し，やがて年貢の取り立てにも文字が必要になるなど，
生活の必要性があったからである。その学習期間も 1 ～ 2 年程度と短かった。
他方学制は，8 年間の就学期間を定めていて，人びとの生活にはなじまなかっ
た。廃藩置県によって「国民国家」になったといってもまだ人びとの意識が抜
本的に変わったわけではなく，自分たちに関係のない政府からの無意味な命令
として捉えられたものと考えられる。

　明治政府は当初から，国を豊かにし列強諸国の仲間入りをはたすためには，
庶民への教育の充実が不可欠だと考えていた。それは，富国強兵や殖産興業の
発展によって国を豊かに強くするという実利のためでもあり，西洋諸国並みの
制度を整えた「立派な国」であることを世界に認めてもらうためでもあった。
だからこそ，就学率を上げるために，明治政府はさまざまな取り組みを行なっ
た。そのなかで最も有効だったものが，就学義務の厳密化と授業料の廃止
(1886) である。就学は義務となり，必要があろうかなかろうが，行かなくて
は罰せられるものになった。その代わり授業料を無料にすることで，庶民の子
どもたちは学校に行きやすくなった。この改革は的中した。就学率は急速に上
昇し，20 世紀初頭にはほぼ 100 ％を達成した（図 4-3）。学制からわずか 30 年
での達成は，世界的に見てもかなりスピーディーだった。

2-2 職業選択の自由と「教育する家族」の誕生

　こうして 30 年という時間をかけて，庶民にとっても学校は，人生の初期に経験するごくふつうの場となった。子どもたちは，幼少期には労働から切り離され，学校で生活する。義務教育であった尋常小学校（3 ～ 6 年制）を卒業すると，家業を手伝ったり職に就く者もいたが，中学校以上の上級学校（男女別学）に進学する道もあった。これにはもちろん，経済力だけでなく，高い学力も必要だった。近代以前に農民や町民たちに求められたのは，主として体力や腕力といった職業に直結する能力だったが，学校の登場によって，人びとは学力という新たな評価軸を手に入れることになった。

　こうした新しい教育制度の定着は，人びとの生活になにをもたらしたのか。最も大きな変化は，職業選択の自由である。江戸時代の身分制度のもとでは，農家に生まれればその子孫まで農家になるしかなかったが，学業の成功によって上級学校に進学するということは，それまでとは異なる階層の仕事に就く可能性を意味していた。そのことがよくわかるのが，図 4-4 である。中学校等のその先には，大学などに混ざって，「師範学校」つまり教員になるための学校があった。一部の子どもたちは，小学校の卒業後に上級学校への進学を選択す

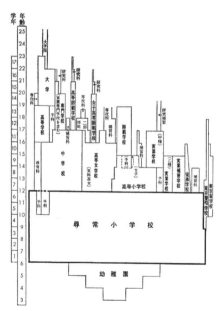

図4-4　大正8年の学校系統図（大正 8 年時点での学校の組織。文部科学省『学制百年史』より）

るが，それは，将来の希望職業の選択でもあったのだ。

　とはいえ，それは易き道ではない。たとえば，現在のキャリア官僚のような職に就くのには，大学や実業学校といった高学歴を必要とした。当時，小学校卒業後になんらかの上級学校に進学したのはわずか1〜2割，さらに高等学校に進学した割合は人口の1%未満だった，とされている[7]。

　そうなると，日本の教育に新しいフェーズが誕生する。それは「家庭教育」である。近代以前は地域の寺子屋や丁稚奉公に出る「職場」に，明治期は学校に，子どもの教育は丸投げされていた。なぜなら，学業達成はそれほど重要な意味をもたなかったからだ。しかし，学業達成が社会階層の移動を意味するようになったこの時代，一部の家庭では，熱心に子どもの学習を後押し，管理するようになる。すなわち，「教育する家族」が誕生する。これは，主に産業化した都市部の「新中間層」と呼ばれる人びとのあいだで生まれた。新中間層は，代々親から受け継ぐ土地財産をもたない一般庶民であり，しかも高学力，高学歴を達成することで俸給生活者や専門職に就いた人びとである。こうした家庭では，継がせる財産はないけれども子どもには幸せになってほしいと思うがゆえに，地域の共同体や親せきからの介入を排除し，親（主に母親）が信念をもって育児・教育に携わるようになる[8]。

　実際にこうした「教育する家族」になりえたのは，新中間層と呼ばれる人びとのなかでも，母親が子どもの育児・教育に専念できる，上層に限られていた。しかしこうして誕生した「教育する家族」は，その後も脈々と受け継がれ，現代の日本社会に至ってもなお，大きな存在感を示している。

2-3　世界的な新教育運動の流れ

　日本がこうして，西洋式の教育システムに順応していったそのころ，世界ではなにが起きていたか。第2章で述べたように，世界では，従来の教育方法は本当に子どもたちに適しているのかという疑問が呈されるようになっていた。エレン・ケイ著の『児童の世紀』や，デューイが「コペルニクス的転換」と呼んだ「児童中心主義」などに代表される，新教育運動である（第2章5-4）。

　時間の流れを改めて確認してみよう。イギリスでベル＝ランカスター・システムの教育が整っていったのは1800年頃。やがてその仕組みは広がりを見せ，国際関係の変化のなかで，公教育の制度が整えられていった。と同時に，どの

ように教えるのがより効果的なのか（教授法）の議論が進んでいった。ヘルバルトは、心理学に基づいて、教師が適切に生徒に教授する方法を考え、その考えは特に19世紀後半のアメリカの教育に大いに採用された。

　19世紀末とは、つまり、列強諸国にとって、庶民のための（公）教育というものが、「生まれた時からある"当たり前"の制度」になって久しい時期だった。それは、既存の教育のありかたに人びとが疑問をもち、より良い教育を模索するだけの時間がたったころだった、ともいえる。そうして、19世紀末から20世紀初頭に始まった新教育運動は、第一次世界大戦の終了とともに、国際的な広がりを見せることになった。

2-4 大正新教育

　では、後発的に教育を導入した当時の日本はどうだっただろうか。小学校の就学率が95％を超した1905（明治38）年は、日本開国（1854）から約50年、近代政府が始まってからも、すでに約40年が経過していた。40年ということは、このころ子育てをしている世代にとっても、生まれたころからすでに西洋化がはやり学校があった、ということである。就学率の上昇は、時間の流れのなかで西洋的な文化や制度が人びとの文化生活様式になじんでいったことにも、要因がある。

　そしてまたこの時期、関税自主権を回復した日本は、遅まきながら列強諸国の仲間入りをはたしつつあった。そうなると人びとは、西洋的だからこそ良い、という単純な発想ではなく、よりその本質を問うようになっていく。普通選挙制度を求める政治運動や、部落解放運動、美術改革運動など、生活全般に及ぶ人びとの意識変化、いわゆる「大正デモクラシー」だ。

　教育においてもこうした変化は同様だった。アメリカ経由でもたらされたヘルバルト方式の画一的で注入的な一斉教授が果たして本当に良いものなのか、明治後期から大正期にかけて、疑問に思う人びとが登場した。西洋諸国から約20年遅れで、日本でも、新教育の波がやってきたのだ。これを、大正新教育運動（大正自由教育運動）と呼ぶ。

　たとえば、「池袋児童の森小学校」は、児童中心主義にたった、大正新教育運動を象徴する学校のひとつである。子どもと教師は生活共同体のなかでまなぶという思想のもと、同小学校には教科や時間割もなかった。また、2023年

現在も有名な「成城学園」のもととなった「成城小学校」は，アメリカで新しく開発されたドルトン・プランと呼ばれる指導法を導入する，新しい学校として1917年に誕生した。他にも，成蹊小学校，明星学園といった，現在に至るまで特徴的な教育哲学で知られる学校のなかには，この運動の下でつくられたものも多い。

使い古された電車の車両を校舎に，少人数の子どもたちが集まって，時間割を自分で決めたり，リズムに合わせて体を動かすリトミックの時間がふんだんにあったり，当時としては珍しく制服（モンペ）ではなく「汚れてよい服装で」来るように言われたり。黒柳徹子の自伝的な物語『窓ぎわのトットちゃん』には，自由な校風のもとでのびのび過ごした著者の子ども時代が描かれている。この舞台となった「トモエ学園」もまた，大正新教育運動の流れのなかで誕生した学校である。

2-5 戦争と教育の分断

こうした教育の流れを分断したのは，第二次世界大戦である。

そもそも日本は第一次世界大戦より前から，帝国主義国家として朝鮮半島・東南アジアなどを植民地化していた。そこで日本は，同化政策を進めるなど，帝国主義的な教育を展開していたのだ。他方で，国内においては，上述したようなリベラルな教育が盛り上がりを見せていた。

1929年の世界恐慌に象徴されるように，第一次世界大戦終了から10年後には，深刻な景気後退により，再び世界は不穏な空気に包まれていた。それまで盛り上がっていた自由で民主的な教育では，社会の危機に抵抗できない。こうした主張とともに，軍部によって軍備拡張が推進され，当然教育もその影響を受けることになる。

1930年代には，日本の教育は軍国主義的になっていく。中学校以上の学校では，軍事訓練が行なわれた。国定教科書が編集され，軍国主義的な内容が盛りこまれた。思想や学問に対する統制も厳しくなり，リベラルな学者や教員は大学や学校から追放されるようになった。

1941年の「国民学校令」では，従来の学校を「国民学校」と呼称変更し，「国民学校ハ皇国ノ道ニ則リテ初等普通教育ヲ施シ国民ノ基礎的練成ヲ為スヲ以テ目的トス」と定めている。天皇の国民であり，教育は（天皇のために働く）国民

になるための訓練の場」と位置づけられたのである。

　こうして，盛り上がりを見せていた自由主義的な教育運動は抑圧された。それどころか，学徒勤労（1943）のもと，教育を受けるはずの子どもたちは軍需産業に動員され，教育そのものが分断された。1945年8月15日，日本が敗戦するまで，この教育の欠落は続いた。

第3節　戦後の教育

　1945年8月15日の敗戦によって，戦時下の日本のあらゆるシステムは，いったんストップすることになった。受託したポツダム宣言は，日本が武装解除し連合国が日本を占領することを降伏の条件としており，日本に民主主義を確立することを目指すとしていた。それゆえ，法律も経済も政治も含めてあらゆるシステムがいったんその機能を停止することになった。教育も当然のことながら，ストップした。戦後の民主主義教育の始まりである。

　戦後の教育の歩みは，その後，次のように区分して捉えることができる。GHQ占領下，アメリカ的な教育が展開された10〜15年（〜1950年代後半）。高度経済成長のなかで科学技術の重要性がうたわれ，高度な学力を育もうとしたひずみとしても捉えられた約20年（〜1977）。それまでの時代の反省をふまえた「ゆとり」教育と，国際的な競争力の低下への懸念からの「脱ゆとり」教育とのあいだで揺れ動いた約40年（1980〜2020）。最後の時期は，「新自由主義」という社会思想と関連している。

3-1 GHQによる教育改革

　終戦後，GHQは日本を占領下に置き，実質的にはアメリカがその改革に着手した。このときアメリカは，戦争を起こした日本人に，その罪をよく自覚させ，二度と同じような暴挙に出ないように再教育しなければならない，と考えた。また，身分や経済力に応じて進路が決まりやすい，従来の複線型の学校系統ではなく，誰もが平等に同じように学べる「単線型」の学校系統が必要だ，と考えた。

　そこで，結果として次のような改革がなされた。

　一つめは，現在にまで引き継がれている6・3・3・4年の教育システムの導

入である。図にあるように，戦前と異なり戦後では，小学校（初等科）を修了
したあとの道が単一化されていることが見てとれる。中学校卒業後はいくつか
の分岐点があるが，そもそもこの時点で高校進学率は10％程度で，大多数は
進学せず就職していた。したがって，大多数の者に対して同じ教育の仕組みを
提供し，国民の平等を担保する，ということがこのかたちでおおむね実現でき
る，と考えられていた。中等教育以降の男女共学化なども，このときに導入さ
れている。

　二つめは，各自治体に教育委員会を導入し，公選制の委員でもって自治体の
教育の内容や方針を考えさせる仕組みをつくったことである。国（文部省）か
ら全国に画一的な教育が発令されるのではなく，自治体ごとに教育について取
り定めることのできる仕組みが生まれた。委員の選出方法などに変更はあるが，
現在にいたるまで，この仕組みは続いている。

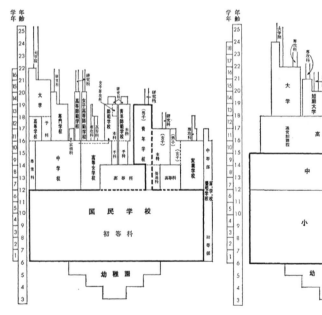

図4-5　昭和19年の学校系統図（昭和19年
時点での学校の組織。文部科学省『学制百年
史』より）

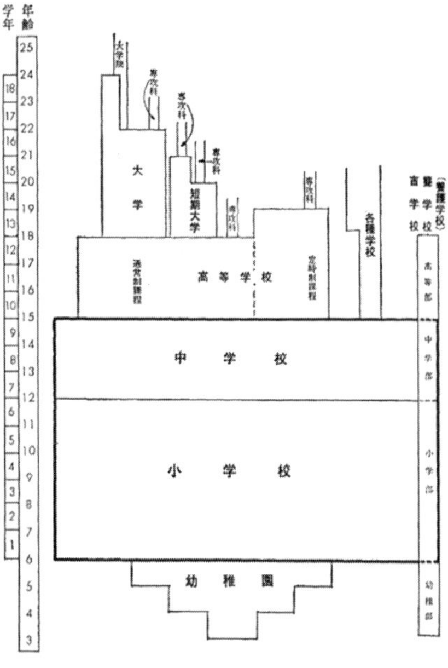

図4-6　昭和24年の学校系統図（昭和24年
時点での学校の組織。文部科学省『学制百年
史』より）

教育委員会の導入と深くつながっているのは，「国定教科書」の廃止と，「検定制度」の導入である（三つめ）。戦前の日本では，国定教科書と呼ばれる，文部省が定めた教科書一種類だけが授業に使われていた。戦後は，教科書会社がそれぞれに教科書をつくるようになり，国はそれらの内容が適しているかを検定するだけになった。そして，実際にそれぞれの自治体でどの教科書を採用するかは，教育委員会が決定することになっている。

さらに教育の内容に深く切り込んだ四つめの改革は，軍国主義教育の中心とされた，「国史」「地理」と「修身」の授業の廃止である。戦前の科目に「社会科」はなく，「国史」と「地理」に分かれていた。また「修身」は，現在の「道徳」に近い位置づけの教科であった。GHQ は，これらの教科が軍国主義や超国家主義の思想を教えることになった，と考え，これらの授業を停止した。そして 1947 年，「社会科」という新しい教科が誕生した。

3-2 「はいまわり」経験主義に対する批判

ここで，日本のこうした教育改革にかかわったアメリカの教育の流れを見てみよう。20 世紀に入りアメリカでは，新教育運動の流れのなかで，ジョン・デューイらが児童中心主義の教育を展開していった。

デューイが大切だと考えたのは，子どもたちのまなびを社会と切り離さず，学校もまたひとつの小さな社会として，子どもたちに work と learning とを行なわせることである[9]。こうした考えは，子ども自身が社会のなかで自ら考え，経験し，まなぶことを重要視する「経験主義」に与する。

第二次世界大戦は，アメリカにも大きくの災難をもたらした。が，自国領土の大部分が戦場とはならず，戦勝国でもあったアメリカでは，決定的な教育の分断が起こることはなかった。それゆえ，第二次世界大戦後のアメリカでは，デューイをはじめとするさまざまな教育手法が，引き続き開発されていた。日本にもたらされたのは，そうした「20 世紀以降継続してきた新教育の改革」の流れである。

デューイの教育思想が取り入れられた戦後すぐの日本の授業は，経験主義的で，かなり自由なものであった。自由で民主的で，個を尊重する教育の導入に希望を抱き，情熱的に教育活動を行なった教員も多い[10]。当時，日本中が貧しく，子どもたちは将来のより豊かな社会への期待を背負っていながら，のびの

びとまなぶ環境があった，ともいえる。

しかしながら，デューイ式教育の表面的な技法の習得と，その背景にある哲学や思想の理解とは，異なるものである。哲学や思想を充分に理解できない多くの教員にとって，当時の教育は自由である一方で，無秩序で，系統性を欠くものでもあった。経験主義のまなびは，時間やコストのかかるものであり，次第に，統制のとれないカリキュラムと力量を欠く教員らのもとで子どもたちの学力の定着に疑問が投げられるようになっていった。

「はいまわる経験主義」。これが，当時の教育に対して向けられた批判の言葉である。子どもたちは自由にあちこちをはいまわる。はいまわるだけで，まなんでいない。教育へのこうした不安から，日本の教育は，次第に新たな方向へと舵をとることにした。

3-3 主権の回復と「学習指導要領」の有効化

1952 年，サンフランシスコ平和条約を経て，日本は主権国家としての立場を回復した。その前後から著しい経済復興を遂げる日本のなかで，教育もまた，国家の発展に資する有用な人材を育てようとする機運が高まってきていた。

1958 年には，「学習指導要領」が改訂される。そもそも学習指導要領とは，戦後の教育改革のなかで，軍国主義教育に偏ることなく各地域の実情に合わせた教育を実施するさいに，国としての方針を定めるものとして 1947 年に導入されていた。ただし当時のそれは，急ごしらえで策定されたものでもあり，「試案」としてとどめ置かれていた。そして実際には，「はいまわり」と批判する人もあった，非系統的な学習が行なわれていた。1958 年の改訂は，こうした教育に対する，主として経済界からの強い要望で生まれた。

新しい学習指導要領は「試案」ではなくなり，それに沿わずに教育をした教員が懲戒免職になる（1970, 伝習館訴訟）など，法的拘束力をもつことになった。戦後約 15 年にわたるゆるやかな自由教育から，国家による統一的で系統的な教育に舵が切られた象徴的な出来事だ。

この学習指導要領でスローガンに掲げられたのは，「基礎学力の充実と科学技術教育の向上」である。前者はすでに述べたが，後者はなぜスローガンとして掲げられたのか。この背景に，1957 年のスプートニクショックを指摘する者もいる（cf.山崎 1981）。戦後，世界は冷戦状態になり，アメリカとソ連は軍事

戦略や宇宙開発でしのぎを削っていた。西側のリーダーとして，アメリカは「宇宙開発」という最先端技術の面で世界のトップであるという自負があった。そこに突然，ソ連が人類初の人工衛星「スプートニク1号」の打上げに成功したというニュースが飛びこんできたのだ。日本からすれば，同盟国アメリカの失態を見たかたちになり，技術力の開発がなにより重要，と経済界は現状を憂慮したのだ。

以降，約10年ごとに学習指導要領は時代に合わせて改訂されるが，1968年の改訂では，より一層能力主義が強調されることとなった。

3-4 新しい社会課題——ゆとり教育の始まりと終焉

日本のGDPがドイツを抜いて世界2位になったのは，1968年である。東京オリンピックを成功裡に閉幕した日本では，所得倍増計画などをとおして，次第に人びとの生活は豊かになった。1970年代に入ると，経済も低成長期を迎えた。第二次世界大戦後に生まれた子どもたちが成人し社会で活躍するようになったこの頃，人びとの意識は変わりつつあった。

その典型例が，過剰な能力主義や学歴主義に対する批判である。能力主義による「つめこみ教育」は，ついていけない「落ちこぼれ」を同時につくる。「四当五落」という言葉がはやり，受験勉強を苦にして自殺する中高生たちが現れて社会問題になる。こうなると，教育課程として，人間性の豊かな人材を育てるという目標が謳われるようになっていく。

1977年の学習指導要領改訂は，「ゆとり」「人間性」「個性」といったキーワードの並ぶ，人間中心主義的な教育課程に，再び舵を切ることになった。国語や算数・数学の時間が大幅に削減され，「ゆとり」という時間が新設された。

これ以降の日本の教育の変遷は，これまで以上に複雑になり，解釈も難しくなる。

まず，ゆとりが提案され，授業時間や内容が削減されていく。こうした傾向は，2007年に「脱ゆとり」と呼ばれた改訂にいたるまで約30年間，継続していく。

一方で，1977年，大学入試には「共通一次試験」が導入された[11]。これは，全国の大学がひとつの試験で序列化されるということである。いわゆる「偏差値」が重要となり，大学進学希望者の増大とあいまって，受験は苛烈度を増し

ていった。1990年頃には，大学の不合格率（合格者数÷受験者数）は4割を超えていた。半分近くの人が現役合格できず，受験浪人する時代だったのだ。

　厳しい受験事情に反発するように，ゆとりの要素が増えていく学習指導要領。2000年の改訂では，「円周率は3」という方針に注目が集まり，激しい議論が交わされた。というのも，このころ同時に，学力の国際順位（PISA）の低下が可視化されたからだ。経験主義や自由な教育を推進する立場からも，ゆとり教育には批判的な評価が相次いだ。だからこそ，2007年の脱ゆとりカリキュラムは，低下した日本の学力問題に終止符を打ち，再び「科学立国日本」の復興に有益な，はずだった。

　2023年現在，日本の教育問題，特に学力や科学技術力の低下は，異なる様相を示しつつ，依然として社会問題のなかに居座っている。少子化によって日本は，否応なしに国際競争力を失いつつあり，と同時に格差問題が顕在化しつつある。戦後の教育改革をふり返ると，子どもの主体性や自主性を重んじる経験主義的な学習と，系統的に積み上げていく緻密な学習との間で，揺れ動き続けた70年であることがわかる。

　もうひとつ，現代の教育を考えるうえで無視できないのは，近年の教育改革がやはり，世界経済の論理の影響を受けつつ動いている，という点だ。価値のあるものは多くの人から選ばれるので残り，価値のないものは自ずと淘汰される，という経済学の基本的な考え方がある。国家による統制や規制が厳しかった教育にも，この考え方が取りいれられて，それぞれの時代に応じてさまざまな自由化や規制緩和がはかられてきた。公教育のカリキュラムのスリム化としての「ゆとり教育」は，同時期に試みられた学校選択制などとともに，実はここにも位置づけられるものでもある。これらは，「新自由主義」，すなわち，規制緩和，市場化，効率，競争（力）などを自由の中身，あるいはその手段として正しいものとみなす価値観に基づく改革だといえる[12]。

　問題は，こうした新自由主義的な教育改革がどのような流れのなかで起きたかだ。もちろん，先に述べたような国内事情もある。と同時に，新自由主義は，1980年代以降，アメリカのレーガン大統領やイギリスのサッチャー首相らの政策のベースとなり，世界中がその影響を受けたものでもある。日本も例外ではなかったのだ。つまり，「経験主義的」と「系統的」学習，「ゆとり」と「脱

ゆとり」の揺れ動きという歴史の縦波の背後には，同時代の欧米の動向という横からの揺さぶりもあったのだ。欧米にならおうとする日本の教育改革は，さらに，上述したような日本の国際競争力の低下もまた，より有益な人材の輩出の要求につながり，経済の論理に基づく改革が前面に出てくることになった。

　このようにしてみてみると，教育は，複雑にからみあったさまざまな要因がぶつかり合い，結果としてたどりつくひとつのかたちであることがよくわかる。歴史は，唯一の理想の教育を目指して進んできたわけではない。個人の幸福追求としてのまなびの喜びと，国家にとって有益な人材を輩出するという営利的な教育は，相反するのではなく，現実では手をたずさえて，まなぶことのかたちをつくりだしてきたのだ。

　私たちは，そうして現実化した教育を，ほんのわずか一時代受けて，おとなになっていく。だとすれば，5 年，10 年の単位で改訂される学習指導要領に基づき自分たちの世代がまなんできたことを，立ち止まって，自分自身と，自分が受けてきた教育とを見つめ直す必要がある。それは本当に，当然のことなのかと。他の教育を受けてきた者たちの目には，目の前のこの問題は，どう映るのかと。

　そんな，自分自身をふりかえり，自己を相対化する視点でもって，次章では，現代の私たちが抱える教育の課題を見つめていきたい。

1) 西洋においても，近代化とは国民国家の成立であったことを思い出そう（70 ページ）。
2) 第三条「官武一途庶民ニ至ル迄各其志ヲ遂ケ人心ヲシテ倦マサラシメンコトヲ要ス」，第五条「智識ヲ世界ニ求メ大ニ皇基ヲ振起スヘシ」。
3) この実物教授は当時日本では「庶物指教」と呼ばれた。
4) この時期には，まず大学や医学校といった高等教育の設置が議論され，次いで，小中学校の開設も議論された。学制に先立って「大学規則」・「中小学規則」（1870 年）が発布され，一部の藩では藩校を小中学校に変更し，貴族階級の子どもを中心とした教育が早くも始まった。
5) 実際に教育制度を整えるプロセスにおいては，やり方をめぐって，朝令暮改が相次いだ。
6) 「明治 8 年の食費 2.6 銭」による。なお 所得の低い場合には授業料は半額と設定されていた（参照，https://coin-walk.site/J077.htm しらかわただひこ作成「コインの散歩道」2022 年 12 月 12 日閲覧）。
7) 参照，アジア歴史資料センター（https://www.jacar.go.jp/seikatsu-bunka/p03.html）2022 年 12 月 12 日閲覧。

8) 参照，神原文子（2001）。

9) デューイの思想の詳細は，第 2 章にたちかえって確認してほしい。

10) たとえば山形県の小学校教員の無着成恭は，1940 年代後半から，「生活綴方運動」に取り組んだ。1951 年に出版した『山びこ学校』はベストセラーとなった。また斎藤喜博は，1950 年代に群馬県の佐波郡島小学校において子どもの表現力を育てる教育に取り組んだとして，教育史に名を残している。

11) 共通一次試験は，1991 年に大学入試センター試験（マークシート方式）に，2021 年に大学入試共通テストに変更された。

12) ただし，新自由主義とはなにを指すのかは，非常に曖昧であり，他にもさまざまな定義がある。実際に日本の教育政策における新自由主義的な考えは，「ゆとり」と対照的な「脱ゆとり」教育においてより鮮明に打ち出された。

第5章

現代の公教育が抱える課題と展望

　第1〜4章では，公教育の歴史が成立するまでの社会の変遷や，そのなかでの人びとの生活や思考の変化の歴史をみてきた。歴史，という言い方にはしかし，「過去のもの」というニュアンスが含まれる。では，私たちがいま生きている現代社会は，公教育が成立した社会だ，といえるだろうか。

　第2章をふり返ると，公教育の「公」には，すべての子どもたちの教育に公（国や自治体）が責任をもつこと，公の教育がすべての子どもたちに開かれていること，という意味が含まれている。「公教育」の「公」をこのように捉えたとき，公教育はすでに成立した，と考えるわけにはいかない，いくつかの問題を本章では捉えよう。

第1節　教育を受けられない世界の子どもたち

　最初に考えたいのは，さまざまな事情で，義務教育を受けられない子どもたちの問題だ。公教育が成立した，といえるには，本来は教育を受けるべきなのに受けられない子どもたちがいてはならないはずだからだ。

1-1 教育を受けるにふさわしい年齢──義務教育年齢

　教育を受けるべき時期に受けられないこと。この問題を考えるためには，「教育を受けるべき年齢」とは何歳なのかを明確にする必要がある。いってみれば，「子ども」とは何歳なのか，ということだ。

　義務教育，すなわち，おとなが子どもに教育を受けさせる義務を負うという

仕組みが，いつから始まったのかを厳密にいうのは難しい。第 2 章で見たように，イギリスでは 1870 年にフォスター教育法が成立し，これが，一定の年齢の子どもたちに教育を義務づけるという考え方の端緒だとされている。ただし，それより以前に，アメリカは 1852 年にマサチューセッツ州において義務教育法がつくられているし，もっと前，ドイツ（当時はプロイセン）では，なんと 1763 年の「一般地方学事通則」で世界初の義務教育の制度が生まれている。ただし，義務教育法（アメリカ）はアメリカ全土ではなくひとつの州に過ぎなかったこと，「一般地方学事通則」（ドイツ）には人びとのまなぶ権利という理念はなく国力で後れを取っていた当時のプロイセン王フリードリッヒ大王が軍備増強のために就学を義務づけただけだったことから，現代でいうところの「義務教育」としては，フォスター教育法を区切りとするとわかりやすい（93 ページ，第 2 章註 7）。

　義務教育の制度が整えられる過程では，当然ながら，就学の義務を課す子どもの年齢をいつまでにするべきか，ということが議論された。イギリスでは，開始年齢を 3 歳〜5 歳，修了年齢を 15 歳ぐらいとする意見が多かった。一方で，多くの子どもたちや，子どもを送り出す家庭は，必ずしも子どもが長期間勉強することを望んだわけではない。市民革命を経て，まなびたいと強く願った人びとがたくさんいた一方で，まなぶことに必要性や面白味を感じない人たちだって，当然多くいた。特に農村部の子どもたちは，読み書きを覚えていなくてもジャガイモや小麦を作るのに困ることはないうえに，おとなから見れば重要な労働力でもあった。だから，子どもを長期間学校に行かせる義務は，庶民の反発をまねくものでもあったのだ。最終的にフォスター教育法では，13 歳未満の子どもに就学の義務を課しつつ，農村部の子どもたちは修了時期を早めてもよい，というややあいまいな方法をとることにした。ここには，教育を受けたい庶民階級の権利意識と，教育によって富国強兵をはかりたい政府の思惑と，もうひとつ，長期的な国家の繁栄よりも目の前の生活の苦しさにあえぐ農村部の生活感覚とがかいま見える。

　日本でいえば，1872 年の学制という，欧米で出来上がった近代公教育の仕組みを輸入したときに，セットで義務教育という概念がついてきた。日本では最初から，政府が率先して教育制度を整え，それを上から下におろすかたちで，実施した。当然日本でも，イギリスと同じように，貴重な労働力を学校に取ら

れることに対する，農村部の反発は強かった。当初 8 年間と定めた修学年齢を，政府はあっという間に翻し，1879 年には教育令にて「最短で 16 カ月」と変更する（さらにその翌年，短すぎたといってまた改正する）。

このように見てくると，教育を受ける義務（受けさせる義務）にふさわしい年齢というのは，子ども自身の成長や発達の観点からというよりも，子どもを労働力として活用したい思惑をどこまで抑えきれるか，という点で決定してきたことがわかる。

1-2『子どもの誕生』

おとなの思惑で定められてきた「学校に行くのに適した時期」。しかし本当に，その年齢の設定の仕方はこれでよいのか，違和感を抱く人も多いだろう。なぜならば，子どもとは本来，大事にされ，社会の庇護のもとで勉強をしっかりして成長するべきものなのだ，と私たちは思っているからだ。子どもとは，おとなとは明確に区別される，特別な存在なのだと。

ところが，フランスの歴史家アリエス（Ariès: 1914–1984）は，中世の「世界のなかに，子ども期にとっての場所があたえられていなかった」（Ariès 1960/1980, p. 35），と述べている。アリエスのこの言葉は，極端に解釈すれば，次のように読みかえられる。中世の世界においては，不幸な子どもたちなどいなかった。いや，子どもなどというものはどこにもいなかった，と。

現代社会の常識ではなかなか納得しがたいこの主張は，しかし，アリエスの次のような地道な研究に基づいている。アリエスは，中世に描かれたたくさんの絵画作品を検討し，それらの絵では，子どもが愛らしい無垢な姿として描かれるよりもむしろ，おとなと同じような装束に身を包んだ，ただ体のサイズが小さいだけの存在として描かれていることを発見する。貴族階級の子どもたちは，○○家を継承し発展させるための存在だったのだから，立派に描かれることが必要だったのだ。そこには，子どもを，純粋無垢で庇護する存在という認識は見てとれない。

それだけでなく，アリエスは，庶民のなかにも子どもは存在しなかった，と指摘する。中世の庶民の生活資料によれば，言葉である程度のことを伝えられるようになる 7，8 歳になると，子どもたちは早々とおとなたちとともに労働に従事していったという。たとえば職人の世界では，親方のところに出入りし，

早くから仕事の術を身に着ける。と同時に身に着けるのは，仕事の技だけではない。おとなとしての振る舞い，おとなとしての慣習もまた，7，8歳の彼らは身に着けていく。おとなの世界では当然，酒や，ギャンブルや，性的な事柄といった，現代社会の常識では子どもから切り離すべきものが，なんのためらいもなく彼らの前にさらされている。問題だったのだろうか。いやそうではない。

　アリエスは，中世の人びとの認識を次のように述べる。

　　子ども期はかれら［中世の人びと］の関心をひくものではなく，またなんら現実と対応するものでもなかったのである。そしてまたこのことは，子ども期がすぐに過ぎ去り，また速やかにその思い出を失っていく移行の時期として，（…）実際に行われていた習俗のなかでさえも考えられていた。

（Ariès, 同掲書, p. 36）

　子どもは「おとなより幼い存在」である，というのが私たちの認識だとすれば，当時の人びとの認識において，子どもは「おとなより小さい存在」でしかなかったのだ。子どもは，力が弱く，知恵が足りない人間でこそあれ，無垢で真っ白な存在ではなかった。この時代の「子ども」は，いわば，「小さいおとな」として扱われていた。

　では，いつ子どもは，特別な存在になったのか。アリエスは，学校の誕生こそが，そのきっかけだという。ここに，根本的な発想の転換がある。私たちは，子どもだから学校に行くのだ，と考えてきた。しかしアリエスは言う。学校に行くことによって，子どもたちは，子ども，すなわち，労働とそれを営むおとなのコミュニティから切り離された特別な存在になったのだと。子どものために学校が誕生したのではない。学校が，子どもという概念を誕生させたのだ，と。

　アリエスのこの主張は，かなり大胆であり，批判も多くなされていることは否めない。しかしながら，学校の誕生には浮浪児たちを良きキリスト教徒にするための隔離教育という側面があったことからしても，見当違いでもなさそうだ。つまり，少なくとも「教育を受けるべき」という子どもらしさは，近代公教育成立期以前の人びとにとっては，必ずしも自明ではなかったことになる。

1-3 義務教育年齢の上限の上昇

このように考えると，何歳までを「皆が教育を受けるべき特別な存在＝子ども」と区分するべきか，ということもまた，当然のことながら，社会の文脈に依存することがわかる。実際近年の日本では，義務教育年齢は 14 歳までであるものの，98％の子どもが高等学校に進学し，その授業料も無償化されているなど，実質的な義務教育年齢は 17 歳になっている，といえる。

世界的に見ても，14 歳という年限はごく標準的である。しかし，18 歳までを義務教育とするドイツを筆頭に，義務教育年齢の上限は少しずつ上がっており，17 歳までという国も増えてきている。また，義務教育を修了後，高等教育へ進学するのではない子どもたちに，就業のための訓練校に在籍することを義務づけるといったかたちで，18 歳ぐらいまでを実質義務教育とする仕組みをとっている国も，増えてきている。

科学技術の進歩という点でいえば，社会は豊かになり，低年齢期から労働に従事する必要が薄れていった。そのなかで，子ども期はいま，伸び広がっている。これは，子どもたちがのびやかに過ごせるという利点をもつと同時に，長く労働から切り離された状態に子どもたちを据え置くということでもある。高等教育を受ければ受けるほど，職業の選択肢も増える一方で，たくさんの選択肢を前にし，社会のリアリティから遠ざかる若者の問題は，日本だけでなく，多くの先進国が抱える問題となっている。

1-4 義務教育を受けられない子どもたち

しかし，もっと深刻な問題は，世界にはまだまだ初等・中等教育という，本来ならば義務教育とされる教育を受けることのできない子どもたちがたくさんいる，ということだ。

国連ユネスコ協会の 2018 年の調査によると，5 歳〜17 歳の学齢期にあたる子ども約 16 億人のうち，学校に通っていない子どもは 3 億 300 万人にのぼるという。つまり約 5 人に 1 人の割合で，学校に通うことができない子どもたちがいるのだ。

学校に通えない理由はいくつかある。その三大要因とされるのが，①紛争，②貧困，③教育観だ。しかもこれらは，しばしば重なりあって深刻な問題になっている。

1-5 紛争と戦争がもたらす影響

2022年2月のロシアによるウクライナ侵攻は，戦闘が人びとの生活をどれほど打ち壊してしまうのかを，私たちにまざまざと見せつけた。学校が破壊され，犠牲になる子どもや教師もいたし，生き延びた子どもたちも通学ができなくなり，オンラインでの授業を受けることになった。そうした授業もしばしば，勉強というよりも，お互いに生きていることを確認し合い，励まし合う時間に充てられた。

しかし，紛争下にあって教育を受けられない子どもたちは，世界中にまだまだたくさんいる。実際，紛争下にある子どもたちは，約4億6000万人とされている。

なかでも深刻なのは，アフリカのサハラ砂漠以南だ。この地域は，一部（コンゴ民主共和国，中央アフリカ，マリ，ナイジェリア，スーダン，南アフリカ）を除いたほとんどの地域で，断続的に，あるいは継続的に，紛争が続いている。その結果，たとえばナイジェリアの北部にあり，部族や宗教や植民地時代の階層闘争といった複雑な対立構造にあるニジェールの識字率は，19.1％に過ぎない[1]。また，南スーダンも，度重なる内戦で産業も教育も疲弊し，400万人が国内外に難民として避難している。世界で最も平均寿命が短い（2021年現在57歳）国のひとつであるこの国の人びとの成人識字率は27％（2011–2016年）[2]である。日本人より25年も短い南スーダンの人びとの人生の中で，奪われているのは，安心してまなべる子ども時代だといってよいだろう。

アリエスが指摘するように，子どもを労働から遠ざけ学校に隔離することによって子どもはつくられるのだとすると，紛争地域にいる若年齢の人びとのなかには，子ども時代を経験することのないまま生きていく人がいることになる。

1-6 貧困によって教育を受けられない子どもたち

紛争地域では，産業が破綻し，経済が疲弊し，貧困に陥らざるをえない。紛争地域に限らず，世界中で富の偏在が起きており，開発途上国では貧困に苦しむ人びとがたくさんいる。そういう地域では，子どもたちには依然として，落ち着いてまなび将来に備えるというような，安全で長期的なまなびのチャンスは乏しい。

貧困ゆえに働かなくてはならない子どもたちは約1億6000万人とされてお

り[3)]，その 3 分の 1 は学校にほとんど通えていない。つまり，貧しくて幼い頃から仕事に明け暮れなければならず，一度も教室でまなんだことのない子どもが，世界には 5000 万人以上いるのだ。また，低所得層の子どものうち，中等教育を受けられるのは，わずか 12 人に 1 人しかいない。

　世界的に見れば，成人識字率は 1990 年には 76％だったのに対し，2016 年には 86％にまで上昇するなど，教育を受けられる人びとの数は増えている。しかし，先進国と開発途上国とでその格差は大きい。OECD の統計によると，2000 年現在，先進国および新興工業国の識字率は 99％なのに対し，後発開発途上国では 73％，内陸開発途上国ではわずか 51％だという。

　貧困地域の教育問題の解決は，簡単ではない。単に貧しくて学費が払えない，家計を助けるために働かなくてはならないというだけではない。歴史をふりかえってみれば，まなびにくい環境はさまざまな要因が複雑に絡んで生じていることは想像に難くないだろう。たとえば，教育を受けたおとなが周囲におらず，教育を受ける意味や価値が理解されないこと。たとえば農村部等では教育機関も教師も充分でないこと。学校に通うために 1 日数時間も歩かなくてはならない子どもたちもいる。そして，貧困地域の人びとは，目の前の暮らしに必死になるため，長期的な視野で事態を考える余裕もなければ，教育によって貧困という社会課題を解決するための知恵を習得することもできず，貧困の連鎖は続いている。

1-7 児童労働の禁止

　もちろん世界では，こうした問題をなんとかしなければならない，と考える人は多い。国際労働機関（ILO）は，「就業が認められるための最低年齢に関する条約」（1973 年採択），および「最悪の形態の児童労働の禁止及び撤廃のための即時の行動に関する条約」（1999 年採択）を定めている。

　前者では，労働に従事してもよい最低年齢はそれぞれの地域の義務教育修了年齢後で，原則 15 歳とされている。ただし，軽労働については，一定の条件の下に 13 歳以上 15 歳未満の労働を認めている。また，危険で有害な労働は 18 歳未満は禁止としている。ただし，こうした基準を守ると人びとの生活が成り立たない開発途上国には，就業最低年齢は当面 14 歳，軽労働は 12 歳以上 14 歳未満とする例外を設けている。設けざるをえないのである。

後者では，18歳未満の児童による「最悪の形態の児童労働」の禁止と撤廃を謳う。ここでいう「最悪の形態の児童労働」とは，具体的には，①人身売買，徴兵を含む強制労働，債務労働などの奴隷労働，②売春，ポルノ製造，わいせつな演技に使用，斡旋，提供，③薬物の生産・取引など不正な活動に使用，斡旋，提供，④児童の健康，安全，道徳を害するおそれのある労働だとされている。

　しかしながら，本書でこれまでも見てきたように，こうした崇高な理念だけでは，世の中は動かない。子どもに教育の機会を求める理念は，しばしば現実の苦しさに容易に負けてしまう。他のきょうだいを食べさせるために，子どもを人身売買業者に売らなければならない家庭は，世界中にたくさんあるのだ。

1-8 女子教育の課題

　もうひとつ，教育観の問題の例として，女子教育が挙げられる。

　教育が始まった古代ギリシアの時代を思い出してみても，体力で男性よりも劣ることの多い女性は，国を守ることに参与できず，市民として認められなかった。家事・労働に関わる教育は受けられても，文学や数学といったいわゆる学問（とその前提となる読み書き能力）にふれる機会は，長い歴史を見渡してもほとんどなかった。ヨーロッパでも日本でも貴族階級の女性には学ぶチャンスがあったが，それは，政治利用されるための道具にすぎなかった。

　科学技術の発達だけでなく，人権思想の発展によって，人は性別の区別なく平等であることが謳われ，同等の権利が認められるようになったが，こうした価値観は，必ずしも全世界共通のものではない。宗教や文化の違いによって，また生活状況の違いによって，「女子への教育」にはいまだ多くの障壁が残されている。特に，中等，高等教育を受けるチャンスがうばわれたままの環境にいる女子は，少なくない。

　教育を受けられない世界の子どもたちの問題を深刻化させる貧困と紛争は，女子教育には一層シビアに影響する。紛争の続くアフリカ大陸では，女子教育はなかなか進展しない。日々の生活があやぶまれるなかで，わざわざ学校に行く，安全上の理由も，経済的な理由も充分ではないのだ。

　また，文化の違いも大きな要因になる。たとえばイスラム教では，若い男女が同じ部屋でまなぶことを禁止するため，学校は別学になる。女子校の数は圧

倒的に少なく，これがイスラム教徒の女子が教育を受けにくい理由のひとつだとされている。数少ない遠方の学校に行って，トイレもないような不充分な設備のもとでまなぶのは，容易ではない。女子教育は神の教えにそむくと考える，イスラム原理主義者からの弾圧といったリスクもある。

　教育は児童労働の禁止とセットで論じられるが，女子の場合にはここに，「児童婚」というもうひとつの問題が潜んでいる。世界ではいまも，6億人以上の女性が，18歳未満のうちに，政略的な（つまり，経済や宗教等々の問題の解消のために）結婚を強いられている。女子が自由に生きる権利という考え方も，欧米が中心になって主張してきたもので，受けいれない地域や文化圏はまだ広くあるのだ。

　欧米化することだけが，正しい進歩であるわけではない。しかし，2014年にノーベル平和賞を受賞したマララ・ユスフザイは，「女子教育への投資が世界の繁栄と安定を助け，みなに恩恵をもたらす」と主張した。くり返すが，教育はそれ自体，歴史の進歩でも絶対的な善でもない。教育には功罪あることを，私たちは認めなくてはならない。しかしたとえそうだとしても，女性がまなぶことは，社会に新しい価値を生み出す人材をつくりだし，と同時にまなぶ女性自身にその喜びと苦悩という人生の彩りをもたらすことになるはずだ。

第2節　多様な子どもがともにまなぶ教育

2-1　学校教育を受けにくい日本の子どもたち——障害

　紛争や貧困とは別の理由で，学校教育を受けにくい状況にある子どもたちもいる。たとえば，障害のある子どもがその一例だ。

　日本では，障害のある子どもたちは長いあいだまなぶチャンスがなかった。1872年の学制では，欧米の障害学校を模して，障害児のための教育を規定していたが，そもそも就学率の低かったこの時代に実現することはなかった。明治の後半になって，目の見えない子どもや耳の聞こえない子どものための教育整備が進み，1923年には「盲学校及聾唖学校令」が出され，学校の設置が義務化された。このころ，大正教育運動を迎えた日本では，個人の自由の尊重が叫ばれ，障害児の権利も議論されるようになっていた。ただし，重度の障害のある子どもを受けいれるためには，設備や専門家が必要である。重度障害の子

どもの受けいれは，1979 年，就学猶予や就学免除が廃止され，養護学校への入学が義務化されてようやく実現した。

　日本では，1947 年，GHQ 指導のもとで，盲学校・聾学校に加え養護学校が設立され，それ以降基本的に障害のある子どもたちは，その専門の学校でまなぶ仕組みができあがった。ここには功罪両面が指摘されている。障害のある子どもたちが，充分な設備のなかで専門家による教育を受けられる一方で，一般の学校からは排除され，健常者との隔絶が強まったともいえるからだ。2006 年，養護学校等は「特別支援学校」と名前を変え，受けいれ対象とする障害も広げているが，分離教育という方法は変わっていない。

2-2 学校に来られない子どもたち

　障害児以外にも学校に来られない子どもたちが，たくさんいる。学校に一定数来ない，来られない子どもたちは，「不登校」として扱われる。

　1980 年代以降社会問題となったこの「学校に来られない子どもたち」は，その後増加の一途をたどり，2022 年には約 25 万人にのぼる。児童生徒 1000 人当たりの不登校児童生徒数は 25.7 人，つまり 40 人に 1 人が不登校となっている。不登校の定義に入るのは，年間 30 日以上欠席しており，その理由が病気などではない子どもであり，この定義に入らなくとも長期欠席をする子どもたちを含めると，不登校はまったく珍しい現象ではなくなっている。

　これだけ多くの子どもたちが不登校になっているのだから当然であるが，その背景は多様である。いじめなどを経験し対人不安を抱える子ども，神経症的で学校になじみにくい子ども，性的違和を覚える子ども，発達障害がうたがわれるが知的な障害がなかったり障害の程度が軽かったりするグレーゾーンの子どもも少なくない。さらに近年は，不登校と子どもの貧困の関係も指摘されている。また，グローバル化にともない，外国にルーツのある子どもたちが多く日本に暮らすようになっているが，なかには，新しい環境になじみにくかったり，母語ではない日本語で勉強することが困難だったりして，学校に通いづらくなる子どももいる。

2-3 特別な教育的ニーズの理念と課題

　障害のある子どもも含め，学校に通いづらい状況にある子どもたちのサポー

トをめぐって，支援の枠組みが大きく変わりつつある。そのきっかけとなったのは，「特別な教育的ニーズ」という考え方だ。

　特別な教育的ニーズとは，障害のカテゴリーやその有無によらず，通常の環境では教育への実質的な参加が難しかったり，発達が保障されづらい多様な子どもたちが，教育に対して要求する特別な配慮や対応のことである。1994 年，スペインの教育科学省は，ユネスコと共同で「特別なニーズ教育に関する世界会議」を開催し，「特別なニーズ教育に関するサマランカ声明と行動の枠組み」を採択した。特別な教育的ニーズは，こうした国際会議を通して世界に広がってきた支援の考え方である。

　ポイントは二つある。

　ひとつは，医療モデルからの脱却である。障害への支援は，医療の側面から見れば，機能障害の多寡や軽重が重要になる。しかし現実の私たちの生活では，障害の度合いと生活しづらさ・生きづらさは，必ずしも一致しない。周囲の配慮や環境整備によって，医療的な障害が勉学や生活の大きな障壁にならない場合もあれば，医療的には障害と分類する必要のない特性が大きな壁となることもある。したがって，医療的な考え方をそのまま教育に当てはめるのは適当ではない。サマランカ会議で議論されたのは，こうした点だ。

　もうひとつは，その裏表として，医療的な障害がなくとも学習の難しい状況にある子どもたちは支援する必要がある，という考え方だ。たとえば，非行を表出する子どもがいるとする。周りからは，その子どもが自ら「悪いこと」をしているように見えるかもしれない。しかしながら，自ら「悪いこと」をしてしまう状況であるならば，その原因が，本人の道徳観にあろうが，家庭環境にあろうが，友人関係にあろうが，関係なくその子どもが学習しやすい環境を整えればよい。善し悪しを軸に考えるのではなく，結果の改善を考えるという発想だ。

2-4 インテグレーションからインクルージョンへ

　特別な教育的ニーズの考え方は，1980 年代にイギリスなどで生まれ，その後，世界中に広がっていった。この転換は，教育だけにとどまらず，障害とはなにか，障害のある人とない人にとってどのような社会が幸せか，という議論のなかで生じてきた。

障害のある人たちは隔離し，特別な設備を備えた特定の施設のなかで暮らす。こうした方法は，障害者の生活支援としては，効率的であろう。しかし，障害の有無に関係なく，人は本来自分の自由意思で生きる権利をもっており，健常者の効率のためにその権利が侵害されることは正しくない。障害者を排除するのではなく，障害があっても健常者と同じように当たり前に生活できるような社会こそが，通常な社会であるという考え方，すなわちノーマライゼーションは，デンマークのニルス・ミケルセンにより初めて提唱され，スウェーデンのベングト・ニリエにより世界中に広められた。デンマークでは，1959年にノーマライゼーション理念をベースにした知的障害者福祉法が成立しており，その後，1971年には国連知的障害者の権利宣言，1975年に国連障害者の権利宣言が採択されるなど，国際的なスタンダートとなってきた。

　ノーマライゼーションという概念と同時に，インテグレーション（統合）という考え方が広がった。障害者のための設備や施設を，健常者の社会のなかに取りこもうという考え方である。たとえば教育でいえば，障害児のための学校や学級を，健常児の学校と分離するのではなく，同じ施設内に統合する現在の日本の学校教育の仕組みは，インテグレーションのひとつである。日本の学校には，軽度の知的障害や情緒障害の子どもを受けいれる特別支援学級が設けられていることが多い。インテグレーションにおいては，健常者と障害者は同じ施設内で行動するが，設備はあくまで分けられているところに特徴がある。

　その後1990年代には，インテグレーションをさらに進め，インクルージョン（包括）という考え方がより適切である，といわれるようになった。インクルージョンは，障害の有無に関係なく，あらゆる人がそれぞれの個性や特性を大切にしながらともに生きるという枠組みである。インクルージョンをつきつめれば，学校で子どもたちは，障害の有無に関係なく，みながともにまなぶことになる。

　障害のある人たちに対して，生活支援や教育を放棄していた時代（つまりそれだけの余裕がなかった時代）から，特別な生活環境を整える時代になり，やがて，特別扱いをするのではなくともに暮らすことを目指す時代へと変遷してきた。こうした変遷と，「特別な教育的ニーズ」という考え方が軌を一にしてきたことは，すぐに理解できるだろう。障害の有無だけでなく，配慮が必要な子どもたち全体のニーズをとらえ，みながともに学ぶという考え方によって，インク

ルーシブ教育は可能になる[4]。

2-5 インクルーシブ教育における合理的配慮

インクルージョンの考え方においては、二つの視野が重要だ。

一つめは、誰もが支援される側になりえる、という観点だ。私たちは誰もが、障害を抱えたり、ストレスを抱えたりして、なんらかの配慮を必要とする立場になり得る。事故に遭うかもしれないし、クラスメートとウマが合わないかもしれないし、上司のスパルタ的でパワフルな指導方針をハラスメントと感じるかもしれない。だからこそ、誰にとっても支援の受けやすい環境づくりをすることは、社会全体にとってプラスになる、という考え方だ。

二つめは、支援を必要とする人びとは、一方で、その人らしい個性や豊かな力を備えており、そうした人びとの活躍が社会全体にとって有益だ、という観点だ。支援する側とされる側が分断されている状況においては、支援される側はあくまで、支援する側の負担になってしまう。そうではなく、たとえば感覚過敏の障害を抱える人たちが商品の質を細かくチェックすることで機械にもできない品質管理が可能になるなど、それぞれの強みを生かして社会をつくっていこう、という発想が必要だ。

他方で、当然ながらインクルージョンの理念には、現実的で具体的な配慮が不可欠だ。支援を要する人が、平等に社会のなかで生きていくために求める配慮を、「合理的配慮」という。たとえば、読字障害を抱える学生のためにプリントやテストの文字を大きく拡大できるようにしたり、書字障害を抱える学生のためにパソコンでの回答を認めるといったことが、合理的配慮にあたる。すでに当たり前になっているために気づかれにくいが、視力の低い学生にメガネやコンタクトレンズの着用を認めるのも、合理的配慮のひとつといえよう。

合理的配慮には合理性が求められる。ある能力を活用したり測定したりするのに、その能力以外が原因となって不利益を被ることがないように、というのが、合理的配慮だ。だから、人前で話す能力を測定する際に、緘黙を理由に「人前で話さなくてもよい」といった配慮をすることは、合理的配慮にはあたらない（合理性を担保するなんらかの事情がない限り）。

2-6 インクルーシブ教育の実現に対する現実の壁

このように見てみると，障害をはじめとして，生きづらさ，まなびにくさを抱える子どもたちに対する教育の仕組みと理念は，ずいぶんと前進してきたようにも思われる。しかしながら，インクルーシブ教育の実現には，いまだたくさんの壁がある。

たとえば，合理的配慮という考えにおいて，なにを合理的と判断するかはそれほど明瞭ではない。書字障害の学生に試験時間を延長する場合，何倍までなら合理的なのか。起立性調節障害があって早朝の授業への出席ができない生徒に，どういうかたちならば履修や単位を認めることが合理的といえるのか。難しいのは，合理的配慮の必要性を認められていない他の学生にとっても，試験時間内に回答することや，早朝の授業に出ることは，努力してようやくできるという人が珍しくないことだ。当然のことながら，一部の人たちだけが配慮されれば，納得できない人たちも出てくる。合理的配慮は常に，不満を生み出す。

合理的配慮をする教員もまた人間だから，合理性の判断はしばしば揺らぐ。ガイドラインに沿って決めるだけなら楽だが，問題は複雑で，そんなにいつも簡単にガイドラインどおりとはいかない。教員個人の価値観で，配慮よりもルールや平等を重視する人もいる。また，顔の見える関係の生徒から個人的に配慮を願い出られると，優しくしたくなる，というのもまた人間のサガであろう。

もうひとつ，日本の教育システムが，グローバルスタンダードと大きくかけ離れている点がある。それは，日本がいまだ，分離式の特別支援教育（＝障害児教育）を行なっている，という点だ。日本は国連の障害者権利条約（2006年）を批准しており，国内では障害者の権利に関する条約を定めている（2014年）。2022年，国連は日本が充分にこの条約を実行しているか調査に入り，いくつかの点で改善勧告を出した。そのひとつに，日本の分離式の障害児教育を是正するようにという指摘が含まれていた。日本の分離型の教育システムは，障害者権利条約に適していない，というのだ。

この改善勧告をめぐって，特別支援教育の周囲では，大きな論争が起きた。意見のひとつは，国連のいうとおり，完全にともに学ぶ教育の実現こそが求められている，というものだ。他方で，いまの日本社会の状況下で完全にともに学ぶ仕組みをつくることは，障害のある人たちにとっても良くない，という意見も多く見られた。

みなさんは，どう考えるだろうか。障害のある人がともにまなぶことは，良いことだろうか。たとえば，障害をきっかけにしていじめが起きるかもしれない。ついていけない勉強を無理強いすれば，当人がつらいだけかもしれない。「インクルーシブ教育理念の完全実現の反対」を唱える人たちの意見の多くは，それが障害のある人自身にとって不利益な状況を生み出す，ということに端を発している。たしかに，いまの日本社会を基準にして考えれば，これが「当たり前のこと」と考えてみれば，こうした指摘は当たっているだろう。けれども，新しいインクルージョンの理念が目指しているのは，おそらくもっとその先だ。どうすれば，いじめが生じない社会がつくれるのか。どうすれば，それぞれの生徒に適した学力水準の教育を受けられるのか。その議論こそなされる必要があるのではないだろうか。

　インクルーシブ教育の先進国として名高いデンマークでは，実際にこうした合理的配慮はどのようなかたちで実現しているのだろうか。文部科学省の「トビタテジャパン！」という制度を利用して，デンマークに留学した多久和さんの，次のレポートを紹介したい。なにが「共生社会における良い教育」なのかを具体的に考える，ひとつのきっかけになるだろう。

【コラム：デンマークでのインクルーシブ教育】法政大学 4 年　多久和佳

　私は 2022 年 1 月から 6 月までデンマークのある folk high school で生徒として学んだ。Folk high school は英語名であり，よく日本では「フォルケホイスコーレ」と称される。フォルケホイスコーレとは，19 世紀半ば，グルントヴィらの提唱により，デンマークの民主化や敗戦によって荒廃した国土の復興と郷土愛の向上などのため，農村青年の教育を目的として設立された成人教育施設である（原 2019）。フォルケホイスコーレは 17 歳 6 カ月以上であれば，誰でも入学でき，学校によってさまざまなコースが存在する。今や主に若者がギャップイヤーとしてなどさまざまな目的を持ち，まなびにきている印象だ。なかでも私の留学した学校では約 200 名の学生のうち，3 分の 1 が何らかの障害者であり，国の助成を受けている。その助成金を使って，障害者は健常者をパーソナルアシスタントとして雇っている。大体 1 人の障害者に 2，3 人のアシスタントが雇われ，シフト制で働いている。アシスタントたちは障害者と同様に学生として授業を受け，その他の時間で担当の障害者の介助をしている。授業中は

担当を外れるが，自分と同じクラスの障害者を学生同士で助け合いながら介助している。

　障害者の友達にインタビューしたところ，「この学校は最高だ。みんなに囲まれていて，みんなが色んなことをできる」と言っていた。確かに今まではどこへ行くにも移動支援ができる人を待たなくてはいけなかった人たちにとっては，やりたい時にやりたいことができる環境は最高だろう。障害者がいることが普通の風景になっているこの学校では，誰かが奇声を上げようが，誰かが口から食べ物をこぼしていようが「ああいつもの風景だなあ」と笑い，話しかける。イベントやパーティが毎週あり，寝たきりの障害者を抱っこして踊ったり，酒を一緒に飲んだり，交流の機会は授業以外にも山ほどあるのだ。

　しかし，多くのアシスタントは疲れて悩んでいた。授業以外の時間，基本的には朝起きてから寝るまで働いている。雇用主である障害者やチームとの喧嘩など問題が起きたり，シフトをすっぽかしたりする人もいる。実際に解雇されチームを抜けた人もいた。また仕事と授業の疲れからか，コミュニケーションが楽な健常者同士で話そうとするアシスタントも多かった。

　多くの障害者が望むであろう，この学校のパーソナルアシスタント制度は，経済面と精神面での余裕と良心によって成り立っている。それは日本の福祉現場も変わらないと言える。課題は多くあるが，学校としてこの仕組みを成り立たせていることは，インクルーシブ教育として素晴らしい方法だと私は感じた。

第3節　本章のまとめ：変化する社会と新しい教育

　本章では，公教育が成立したことになっているこの21世紀が抱える，教育の問題を取り上げてきた。「すべての子どもの教育に，公（国や地域やおとなたち）が責任を取ること」が公教育の基本であるならば，私たちの社会は，公教育が充分成立した，とはいまだいえない。

　こうした状況下にありながら，一方で社会の変化は，新しい教育の必要性をも訴えてくる。たとえば「アクティブ・ラーニング」。これは，文科省の出す学習指導要領においては，「主体的・対話的で深い学び」という，かなり抽象的な表現で表されることになった。アクティブ・ラーニングという表現では，あたかも，グループワークやディスカッションといった行動レベルの授業方法

に伍してしまいかねないという懸念によるものだと考えられる。ここで強調されるのは，生徒が知識を意味もなく暗記しテストが終わると同時に忘れてしまうといった無駄な学習スタイルではなく，生徒が自ら考え理解することの重要性だ。

ICT 機器を活用した教育も，時代の急務として，2020 年ごろから進められてきた。欧米諸国では，タブレット等を活用した授業が 2000 年代にはいち早く始まっていた。というのも，もともとヨーロッパでは，教員が前に立ち生徒が向かいあってずらりと並ぶという，日本の教室では一般的な座学スタイルを，特に小学校段階では 1960 年代以降脱却し，授業は基本的にグループワークのスタイルを取っていたという背景がある。そこでは，便利な道具の活用も積極的に取り入れてきたのだ。他方日本では，座学を基本とする教育のスタイルが 2022 年現在も続いている。そのなかで，アクティブ・ラーニングをはじめ，新しい教育の方法が求められ，学校や教員はその対応をしなければならなくなっている。「ブラック」と指摘される教員の働き方に，さらに仕事を増やしてよいのか。新しい教育をめぐっては，そのような批判も聞かれる。

また一方で，こうした社会の変化に対応しようとする教育のあり方に，違和感を覚える人もいるだろう。歴史で見てきたように，公教育は，経済や軍事力において国力を上げたいという国家の要請なしには成立しえなかったとして，いまもまだなお私たちは，自分たちの国の増強のために教育をしなければならないのだろうか，と。もっと，人間的な教育があってもよいのではないだろうかと。

とはいえ，待ったなしに社会は変化し，その変化にともなって，求められる教育の方法もまた常に変わっていく。それは，第 2 章で言及した，新教育運動の旗手であるジョン・デューイがまさしく指摘したように，学校というものは社会のなかにあり，その接続のなかで常に，なにをどう教えるかが問われるからだ。

けれども，このことは，社会の変化に合わせてなんでも変えていけばよいという，安直な時代迎合主義とは一線を画す必要がある。学校は社会のなかにあって，社会に求められる人材を輩出する機関であると同時に，学校でまなんだことを資本にして，子どもたちが新しい社会のあり方を模索しつくりあげていく場でもあるからだ。

もう一度，第2章（98ページ）の言葉をふりかえってみよう。

　　子どもたちが，そんな社会に出ていくのであれば，教師は知識やスキルを
　　上手に教えるだけでよいのだろうか。子どもたちは，どんな社会的価値を
　　抱いていけばよいのだろう？──と，教師はもっと真剣に考えるべきでは
　　ないか。（略）──だが，なんのための主体性なのか。経済競争や戦争に
　　なにがなんでも勝つことに向けて発揮される主体性って，オーケイなのか。

　歴史のなかで問われ続けてきた教育の意味は，いまもなお，アポリアとして
私たちに残されている。この議論をし続けること，疲れても，堂々巡りの議論
にばかばかしさを覚えても，多様な意見に押しつぶされそうになっても，自ら
に問い続けることをやめないこと，そうした姿勢こそ，教育を原理的に探究し
続けるということなのではないだろうか。

　1) 2015年現在。「データブック　オブ・ザ・ワールド　2016年版　世界各国要覧と
　　　最新統計」二宮書店，平成28年1月10日発行，p. 299。
　2) 識字率の厳密な測定は難しく，調査機関によって数字はさまざまである。あくま
　　　で，大まかな推定だととらえた方がよい。
　3) 児童労働ネットワーク2020；https://cl-net.org/child-labour/data.html，2023年2月
　　　13日確認。
　4) こうした背景から，障害児教育，あるいは特殊教育は，2001年に「特別支援教育」
　　　と呼称が変更された。

終　章

教育の原理的探究の苦悩と喜び

第1節　自分を疑うことから始める

　さて，本書はもう間もなく終わる。長い長い歴史をふりかえり，みなさんには，教育を原理的に探究することの道筋が明瞭になっただろうか。明瞭にならない人は，もう一度本書を開いてほしい。今度は最初からでなくともよい。なんだか記憶に残っているところ。なんとなく釈然としなかったところ。そこに書いてあることからもう一度考えてほしい。「なぜ自分はここを記憶していたのだろう。こういうことが気になる自分は一体どんな人間なんだろう」。教育を原理的に探究するということは，こんなふうにいつも再び自己へと返っていく営みとしてしか成立しえない。

　だから，自分なりに道筋が明瞭になった人には，もっと高度なことを提案する。ぜひもう一度，「思いこみを疑う」という言葉をかみしめてほしい。自分が見つけた道筋は本当に正しいのか。見つけた，というその信念もまた，思いこみではないか。自分なりに固定観念を捨てたつもりで，実はまだどこかに，超えられない思いこみがあるのではないかと。

　残念ながら，本書をもう一度読みなおしたいと思わない，道筋は明瞭にならないし，とくに記憶に残っているところも釈然としないところもなかった，と感じるみなさんもきっといるだろう。それは，お互いに少し不幸な出会いだった。筆者はそう思う。せっかく書いたのだから筆者にとっても残念だし，みなさんの貴重な時間を奪ってしまったという意味では，申し訳なくもある。

　けれども，仕方のないことなのだ。考えてみれば教育というものも読書とい

うものも，子どもたちに，読者に，その価値を発見してもらわなければならないという意味では，基本的に同じだ。膨大な時間を使って準備をした。自分の人生観を懸けて教材研究をした。だからといって，それが子どもたちに響くという保証はない。いろいろな学校でたくさんの授業を参観させていただく機会のある本節筆者の経験によれば，この広い世の中には，子どもたちが，教師の発問ひとつひとつに知的好奇心を揺さぶられたり，沁みいるような豊かな発言をしたりと，見ている者が思わず引きこまれてしまう，そんな授業がたしかに存在している。そのような授業では，教材研究の鋭さ，提示される教具の確かさ，子どもの表情ひとつひとつを見てとる敏感さといったいわゆる教師の「力量」に，驚嘆と感服をせざるをえない。けれどもそこには同時に，そのような教師の「力量」にたち向かって，（発問への答えをとおして）自分自身と向きあう子どもたちの姿が必ずある。そのような子どもたちによって初めて，その授業は，参観する者を感嘆させるものとして成り立つ。事実，授業後に多くの教師は口々に語る。「今日は，本当に子どもたちに救われました」，「こういう子どもたちに出会えて自分は幸運です」，と。

　幸運にしか最後は頼れない。それが教育だとすると，そんなもののために自分を疑いつづけるというのは，結構しんどいことだ。自分を疑ったり，自分の思いこみを乗りこえることは，「言うは易し，行なうは難し」の典型例である。この言葉をくり返し述べてきたものの，どんな優れた教師も，実はこの課題の前で立ちどまっているのだと思う。だったら，そのような課題に取り組まない方がよいのではないか。逃げた方が楽ではないだろうか。だって，逃げずに取り組んだって，むくわれない可能性も大なのだ。実は教育現場の片隅にいて，筆者自身，そう思うことがないわけでもない。

　しかし，とも筆者は思う。逃げた先で待っているのは，一体なんだろう。自分を疑おうが疑うまいが，いつ誰に「あなたの授業はつまらない」，「きみから学べるものはない」と言われたり，あるいは言葉以外のかたちで，教育能力のなさを突きつけられてしまうかもしれない可能性があるという点では同じだ。なにもせずただそれに怯えているのは，自分を疑うのと同じくらい，いやもしかするともっとしんどいことかもしれない。なぜって，その結果はいつ自分に返ってくるかわからないため，その辛さはずっと続くからだ。望もうと望むまいと，教育の結果は自分に返ってきてしまう。批判も賛辞も，他のだれも自分

の代わりに受けとることはない。だったら、返ってくるものをびくびく待っているよりも、自ら見つけにいき、疑ってみて、受けとめた方が、よほど楽ではないだろうか。少なくとも、自分から待つことで、腹はくくれる。結局のところ、教育という営みはここにたどりつけなければ先に進めない種類のものではないだろうか。

　もうひとつ、救い（？）はある。それは、私たちはたった独りで教育しているわけではないということだ。「自分自身を疑え」、「自分自身のルーツに戻れ」というのは、なにも、たった独りで悶々としろという意味ではない。教育が相互関係的な出来事である以上、私たちは、社会のなかで、人間同士のつながりのなかで、その支えを受けながら、自分自身へとたち返っていかざるをえない。それが、自分を疑うために自分へと返っていく、という教育の原理的探究の最大の特徴なのだ。

第2節　社会を創る人間を創るために

　自分を疑うために自分へと返っていく、これを結論として、書き手の片割れにバトンが渡されたということは、いまここで、筆者自身のルーツに戻ってみよ、と？　いまここで、身悶えをしてみせよ、と？　恥ずかしいが、教育を原理的に探究するのだ、とみなさんにさんざん言ってきた本書の書き手として、その責任を引き受けよう。

　わかりやすい事実から始めよう。人間は食わないといけない。着るものと住むところも必要だ。独りでは生きていない私たちは、身体的・物理的必要を満たすことだけで、すでに意見が合わない。価値観や道徳、宗教の話になるともっと合わない。でも、ケンカばかりしていたら誰の心も身ももたない。物理的暴力や戦争といった手段に訴えぬよう、利害調整すなわち政治（何々党、だけが政治ではない）が、私たちが生きていくうえで不可欠だ。

　衣食住を満たすのは科学技術と経済の役割である。それを基礎とした社会生活全体の利害調整をするのが政治の役割である。いったんこうして社会の仕組みが定着する（制度化される）と、なかなか変えがたいものとなる。

　学校というまなびの場は、こんな社会的状況のなかに存在している（図終–1）。社会なんて変わらない／変えられないよ……という気持ちを起こさせる状況の

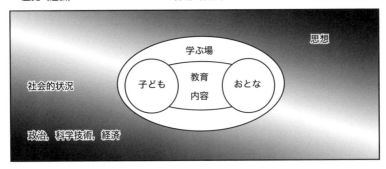

図終-1　教育の成り立ちに関する概念図

なかに。先生たちもその影響を多分に受けている。「いま学校が子どもたちに対してできることは，これこれくらいだ」，「私たち教師は，自分たちにできるしかじかを，精一杯やるしかない」といった語りを，筆者はしばしば聴いてきた。その判断は現実性の点で健全だし，疲労のにじむご様子と発散される熱意とのギャップは，胸にずしりとくる。一人の教師として，「そうなの，そうなの，私もおんなじこと言っちゃうもんねー」と頷いてしまう。

　だが頷いたその瞬間，「私はどこか逃げてないか？」という内なる声が聞こえてくる。なかなか変わらない／変えられない社会に目を向けると，おとなの無力を実感し気が重くなる。だからそこから目をそらして，子どもたち・生徒たち・学生たちと交わり，彼らの伸びゆくさま，あるいは悶々とするさまを見ていると，おとなの気持ちは救われるのだ。しかし，私は一体なにをしているのだろう。差し当たり教師の役割を演じながら，そのじつ自分が精神的に救われることを優先している，たちの悪い利己主義者ではないのか。

　ここでイタリアの成人教育学者ロレンツェットの言葉が思い出される。「教育は，問題を解決するものではない。自分自身で，あるいは他者のために問題を解決しうるような人間を形成することが教育」（Lorenzetto 1969, p. 217, 佐藤（2010, p. 116）より重引）である――私はこの，「社会を創る人間を創る」営みについてどれほど掘り下げ，またどれだけそれに取り組めているだろうか。「その営みとやらは僕らの世代への責任転嫁にすぎない」と，暗い光を眼にたたえて言う若い人たちのことを，どこまでわかっているだろうか。彼らに真正面から向きあって，「いや，そうじゃない」と言えるほど（そう言いたいのだ！），私は自己

160

のルーツに立ち戻って，考えぬいてきたのだろうか。

　もうこれ以上書くと自我漏洩になってしまうと思うので，いまここでは，少しテーマをずらすという逃げを，ゆるしてください。

　私たちの毎日は，目前の必要と課題に応えるだけで精一杯だし，私たちの社会認識は，目前の必要と課題に左右されている。だがそれだけだと，どんどん視野が狭くなる。教育に関して言えば，教育を教育のなかだけで考える方向にずんずん傾いてしまう。ロレンツェットの理念は消えゆく。でもそれではいけない。「社会を創る人間を創る」営みには，社会を深く広く捉える力量をつけることが肝心だ。だからこそ私たちは本書で，「教育の原理的探究」を一生懸命やってきたのだ。

　「社会を創る人間を創る」営みは，未来への投企（projét）である。こんな社会で生きてゆきたいなぁ——私たちがそう感じたとき，そこではすでに「社会を創る」が始まっているのだ。この芽をどうやって育もうか……そう，水やりをしよう。慈しみの心とともに。ちょいと手間暇をかけて湧きでる水を汲んでこよう。ねばり強い知性とともに。ありがたいことに，私たちは生命の水に恵まれている。思想の（そしてもちろん文学の）地下水が，遠い過去から脈々と流れ続けているのだ。さらにありがたいことに，未来は不確実性に満ちみちている。だからこそ，教育には希望がある。「教育の原理的探究」という喜びがある。

引用・参考文献

Ariès, Philippe（1960/1980）*L'enfant et la vie familiale sous l'Ancien Régime,* Éditions du Seuil. 杉山光信・杉山恵美子訳『〈子供〉の誕生——アンシァン・レジーム期の子供と家族生活』みすず書房。

Bell, Andrew（1808）*The Madras School, or, Elements of Tuition,* printed by T. Bensley, for J. Murray, et al. (Reprinted by Routledge/Thoemmes Press, 1993).

Burnett, John（1968）*Plenty and Want: A Social History of Diet in England from 1815 to the Present Day,* Penguin (first published by Thomas Nelson, 1966).

Engels, Friedlich（1845/1990）*Die Lage der arbeitenden Klasse in England. Nach eigner Anschauung und authentischen Quellen,* Otto Wigand. 一條和生・杉山忠平訳『イギリスにおける労働者階級の状態』岩波書店。

Fairfield, P. Roy (1972/1979) "Need for a Risk Quotinent," in *Social Policy*, January/February, Vol. 2, No. 5. 松崎巌訳「危険指数の必要」『脱学校化の可能性——学校をなくせばどうなるか？』東京創元社, pp. 141–154.

原義彦（2019）「フォルケホイスコーレの基本価値の類型化と自己評価」『秋田大学教育文化学部教育実践研究紀要』41号, pp. 85–96.

Illich, Ivan (1971/1977) *Deschooling Society*, Harper & Row. 東洋・小澤周三訳『脱学校の社会』東京創元社。

岩本俊郎・奥平康照・小峰総一郎・林量俶・福田誠治・古沢常雄（1984）『近代西洋教育史』国土社。

神原文子（2001）「〈教育する家族〉の家族問題」『家族社会学研究』12巻12号, pp. 197-207.

Lancaster, Joseph（1805）*Improvement in Education*, Darton and Harvey (reprinted by Routledge/Thoemmes Press, 1992).

Lorenzetto, Anna（1969）*La scuola assente*, Editori Laterza.

McCann, Phillip. ed.（1977）*Popular Education and Socialization in the Nineteenth Century*, Methuen.

文部科学省（2006）『小学校・中学校・高等学校キャリア教育推進の手引き』

成瀬治・佐藤次高・木村靖二・岸本美緒監修（1994）『山川世界史総合図録』山川出版社。

Owen, Robert（1857/1961）*The Life of Robert Owen*, Wilson. 五島茂訳『オウエン自叙伝』岩波書店。

Rousseau, Jean-Jacques（1762/1986）*Émile ou de l'Education*, Gallimard. 樋口謹一訳『エミール』上巻, 白水社。

佐藤一子（2010）『イタリア学習社会の歴史像——社会連帯にねざす生涯学習の協働』東京大学出版会。

Sienkiewicz, Henryk（1896/1995）*Quo Vadis, Powiesc z czasów*, Nerona. 木村彰一訳『クオ・ワデ

ィス』第 1 巻, 岩波書店。

Simon, Brian（1965/1980）*Studies in the History of Education: Education and the Labour Movement 1970–1920*, Lawrence & Wishart. 成田克矢訳『イギリス教育史 II 1870 年—1920 年——教育と労働運動』亜紀書房。

Lord Snell（1936）*Men, Movements and Myself*, Dent.

筒井美紀（2006）「ノートをとる学生は授業を理解しているのか？——〈大事なところは色を変えて板書してほしい＝ 83％〉を前にして」『京都女子大学現代社会学部紀要 現代社会研究』Vol. 9, pp. 5–21.

筒井美紀（2011）「実習生はどう見られたか？——『教育実習成績報告表』の初歩的統計分析から」『法政大学教職・資格課程年報』Vol. 8, pp. 73–81.

角山榮・川北稔編（1982）『路地裏の大英帝国——イギリス都市生活史』平凡社。

宇佐美寛（2005）『「価値葛藤」は迷信である——「道徳」授業改革論』明治図書。

Webb, Sidney and Beatrice Webb（1920/1968）*The History of Trade Unionism,* Longmans Green. 荒畑寒村訳『労働組合運動史』（改訂版）下巻, 明治文献。

Weil, Simone（1960/1995）*La Pesanteur et la Grâce*, Plon. 田辺保訳『重力と恩寵』筑摩書房。

山崎泰正（1981）「戦後の世界における教育改革の底流と動向」『京都教育大学教育研究所所報』27, pp. 3-15.

引用・参考文献　　163

あ と が き

　教育の原理って，いったいなにをすれば探れるのだろう。

　本書の刊行にあたって，前著『教育を原理する』の改訂版を出すことを出版局の奥田さんからご連絡いただいたさいに生じたのは，いまさらながら，この疑問でした。約10年前，前著で初めて，教育をめぐる社会と思想の歴史を執筆した際には，教育の原理に対する私自身の，そのときなりの強い思いがありました。しかし10年経って，教育の状況は大きく変わり，あのとき見つけたのと同じ答えではもう臨めないことを感じていました。

　前著と比較して，本書では，大きく二点の違いがあります。一つめは，日本の教育史を取り上げたこと（しかも本書の約4割を費やして）。二つめは，現代における教育の課題と展望とを，10年前とはまったく違った観点から捉えたこと。

　一つめの変更は，西洋の教育史をまなんでそれがいまに続いているといわれてもそれだけでは，日本に生まれ育ちこの特異な学校教育文化のなかでそれを当たり前として生きてきた自分にはうまくつながらないことを，このテキストをもとにまなんでくれる学生たちの姿から感じとったためです。とりわけ2023年現在の日本の学校教育は，これまでなかった危機的な状況にあります。ひとつは，教師の「はたらく環境」の過酷さが取り上げられるようになったこと。ひとつは，理不尽な校則が「ブラック校則」とよばれ，見直されるようになってきたこと。他にも，ICT機器の導入，部活動の見直し，挙げようと思えば枚挙にいとまがありません。いずれも，学校が社会と接合しているかぎり必要な視点であり，大切かつ必然的な変化です。逆にいえば，学校はこれまで社会から分断され，聖域として，不思議な力で特別な存在にされていたのに，その聖域が世俗化しつつある，ともいえます。

　基本的にこうした変化は，進歩でしょう。しかし教師のはたらき方への注目は，2020年以降のコロナ感染症が拍車をかけるかたちで，教師の成り手が不

足するという事態に至りました。校則という魔法で，教育のギリギリの場面を
たたかってきた教師たちには，自分たちで新しい武器を手に入れろと，そのた
めに業務を軽減してもらえるわけでもないのに，新たなタスクが課されていま
す。誤解のないようにいっておくと，私は，教師のはたらき方も，もっと安全
なものであってほしいと思っていますし，理不尽な校則に憤慨し続けた思春期
を過ごした者として，ブラック校則が見直されることを心底嬉しく思っていま
す。しかしどのような変化も，「良きもの」しかもたらさないなんてことはあ
りません。そこから出てきたひずみを乗り超える力をつけること。長い歴史の
変化から教育を原理的に探究するということの成否は，いってみれば，その力
が獲得できたかどうかで評価されるものだと思います。

　二つめの変更は，一般には「教育原理」と呼ばれる大学の科目を想定した本
書で，「公教育」と，「公」の文字にこだわったことと重なっています。私は人
道家でもなければ，差別や貧困や紛争と戦える崇高さや強さや気高さをそなえ
た人間でもありません。けれども，そんな私でもこの10年間，いえ，その以
前から出会ってきた，貧困や，虐待的な家庭環境や，発達的な特性のために，
学校教育からはじき出されてきた人びととともに教育を語るうちに，教育は，
公教育であらねばならない，と強く感じています。公教育とはいっても，それ
は均質化されたあの白い建物のなかに閉じこめられて，みなが同じ内容を同じ
ようにまなぶこと，という意味ではありません。多様な人たちが，それぞれの
まなびを公的に保障される。そんな理想論を，どうにかこうにかして，現実の
「まなぶこと」に落としこんでいきたい。その一歩を進めるかどうかが，歴史
をひも解き教育を原理的に探究できたかの証左になるのだろう，と思っていま
す。

　また一方で，本書を執筆しながら，もうひとつの真実にも思い当っています。
それは，教育問題がこの10年で激変したといっても，少しでも良い授業をつ
くろうとする教師のいとなみは，基本的には変わらないということです。正解
のない時代だからこそ，なんでもいいと投げ出すのではなく，今より少しでも
良いものを。この，シンプルで，尽きることのない教育者たちの姿勢こそ，本
質的には，教育の原理的探究なのだと思います。歴史からまなぶこととは，い
つも，目の前の「いま，ここ」で起きている出来事からまなぶことと，きれい
にオーバーラップします。

本書の執筆にあたっては，こうしたいとなみを続けるすばらしいベテラン教師や，その長く険しい道程を果敢にも歩みだした若手教師たちとの出会いが，通奏低音として私の耳に鳴り響いていました。心より感謝しております。また，今回の改訂に至ったのは，前著にたくさんの課題や反省点，そして思いがけない真実に気づかせてくれた，本書をテキストとしてまなばれた学生のみなさんのおかげです。たくさんのお礼をお伝えすると同時に，またこれから本書でともにまなんでいくことを，楽しみにしています。デンマークのインクルーシブ教育について，詳しいレポートを提供してくださった多久和佳さんには，心からのお礼と，「日本の教育はどうしても居心地が悪い」と嘆いていた多久和さんにとっての新しい場でのたくさんの発見への祝福を，この場を借りて伝えたいと思います。また，刊行のご提案から原稿へのご指摘，資料のご手配まで，なにからなにまで丁寧に進めてくださった，法政大学出版局の奥田のぞみ様には，頭が上がりません。刊行させてくださって，本当にありがとうございます。最後に，通常こうした場ではふさわしくないかもしれませんが，共著者の筒井美紀先生に，心からのお礼を伝えさせてください。本当はもっともっと，私が担うべき役割があったのです。二人で二冊目の刊行に至れた，この 10 年間と，執筆にあたった 1 年半のあいだの，筒井先生の強靭な精神力と，物理的なサポートに，心よりお礼申し上げます。

2023 年 3 月

遠藤 野ゆり

索　引

まなぶことの歩みと成り立ち
——公教育の原理的探究

2023 年 5 月 10 日　　初版第 1 刷発行

著　者　遠藤 野ゆり・筒井 美紀
発行所　一般財団法人 法政大学出版局
　　　〒 102-0071 東京都千代田区富士見 2-17-1
　　　電話 03(5214)5540　振替 00160-6-95814
　　　組版：言海書房／印刷・製本：日経印刷

Printed in Japan
ISBN978-4-588-68611-5

〈著者紹介〉

遠藤 野ゆり（えんどう のゆり）

序章第2節，第1章，第3章，第4章，第5章，終章第1節，あとがき

1978年生。東京大学大学院教育学研究科博士課程修了。博士（教育学）。山口大学教育学部講師，法政大学キャリアデザイン学部講師，同学部准教授を経て，2020年より同教授。専攻は現象学的臨床教育学，生きづらさ問題。近著に，『イギリス発！ベル先生のコロナ500日戦争』（編著，明石書店，2022年），「発達障害児の母親の生き生きとした語りからその強さを読み解く」村上靖彦編著『すき間の子ども，すき間の支援——一人ひとりの「語り」と経験の可視化』（明石書店，2021年），『さらにあたりまえを疑え！——臨床教育学2』（共著，新曜社，2019年）など。

筒井 美紀（つつい みき）

まえがき，序章第1節，第2章，終章第2節

1968年生。東京大学大学院教育学研究科博士課程単位取得退学。博士（教育学）。日本学術振興会特別研究員，京都女子大学現代社会学部准教授を経て2010年4月より法政大学キャリアデザイン学部准教授，2015年4月より同教授。専攻は教育社会学，労働社会学。近著に，「労働（法）教育の確かな実施におけるリソースの問題——教育行政と学校経営に関する社会学的視点からの検討」（単著，『労働社会学会年報』第33号，2022年），「「つながり」を創る学校の機能——「人的資本アプローチ」と「地域内蔵アプローチ」」（単著，『社会政策』第12巻1号，2020年），『ベストをつくす教育実習』（共編著，有斐閣，2016年），『就労支援を問い直す——自治体と地域の取り組み』（共編著，勁草書房，2014年），など。